U0728662

高校科技期刊改革发展
与"双一流"建设研究

王海波　季彦东　著

中国原子能出版社

图书在版编目（CIP）数据

高校科技期刊改革发展与"双一流"建设研究 / 王
海波, 季彦东著. -- 北京：中国原子能出版社, 2024.
11. -- ISBN 978-7-5221-3875-6

Ⅰ. G237.5

中国国家版本馆 CIP 数据核字第 2025TK5808 号

高校科技期刊改革发展与"双一流"建设研究

出版发行	中国原子能出版社（北京市海淀区阜成路 43 号　100048）
责任编辑	陈　喆
责任印制	赵　明
印　　刷	北京天恒嘉业印刷有限公司
经　　销	全国新华书店
开　　本	787 mm×1092 mm　1/16
印　　张	14.5
字　　数	200 千字
版　　次	2024 年 11 月第 1 版　2024 年 11 月第 1 次印刷
书　　号	ISBN 978-7-5221-3875-6　　　　定　价　**87.00** 元

网址：http://www.aep.com.cn　　　　**E-mail：atomep123@126.com**
发行电话：010-88828678　　　　　　版权所有　侵权必究

作者简介

王海波，女，汉族，1986 年 6 月出生，籍贯为吉林白城。毕业于中国科学技术大学，副编审。2014 年进入通化师范学院学报编辑部从事编辑工作，2023 年 6 月调入鞍山师范学院学报编辑部工作至今，担任学报编辑部副主任一职主持工作。共发表学术论文 10 余篇，其中 SCI 论文 6 篇、EI 论文 1 篇，出版专著 1 部，发明实用新型专利 1 项，参与省级项目 1 项。

季彦东，男，汉族，1985 年 11 月出生，籍贯为吉林白城。毕业于沈阳大学，硕士研究生。2023 年 9 月入职鞍山师范学院图书馆。发表论文 3 篇，其中 EI 论文 1 篇、普刊 2 篇，发明实用新型专利 1 项。

前　言

在知识经济迅速发展的当下，高校科技期刊作为学术研究与交流的关键平台，肩负着促进科技创新、增进学术交流、培养科研人才的多重责任。近年来，伴随着全球科研范式的深刻转变和信息技术的飞速进步，高校科技期刊发展遭遇了前所未有的挑战与机遇，改革与进步已成为其适应新时代要求、增强国际影响力的必然趋势。这不仅要求期刊在内容创新、出版模式、评价体系等领域持续探索与实践，更需加强开放共享理念，构建国际化交流平台，以吸引全球顶尖科研成果，促进学术繁荣。

在此背景下，"双一流"建设为高校科技期刊的改革与进步提供了新的动力与方向。旨在构建世界一流大学和一流学科的"双一流"建设强调科研创新与高质量发展，为科技期刊提供了丰富的优质稿源与广阔的学术视野。因此，高校科技期刊应积极融入"双一流"建设的总体布局，通过提升自身水平，成为展示"双一流"建设成果的关键窗口，同时，利用"双一流"建设带来的资源与支持，进一步推动期刊国际化进程，提升我国学术期刊在全球学术生态中的地位与影响力，共同促进我国乃至世界科技的进步与发展。

本书围绕高校科技期刊改革发展与"双一流"建设展开研究。首先，通过概述高校科技期刊的基本情况，包括其发展变迁、学术影响以及编辑队伍，为后续分析奠定坚实基础。其次，着重分析高校科技期刊出版与质量控制体系，探讨开放存取出版模式、数字出版模式以及质量控制体系的建立。在此基础上，进一步展望期刊的发展方向，强调特色化、高质量及区域协同发展。同时，结合"双一流"建设背景，分析高校科技期刊面临的挑战与机遇，提出发展策略与国际化战略。最后，通过具体案例分析，展示高校科技期刊在"双一流"建设中的成功实践与学科建设的相互促进关系，为高校科技期刊的未来发展提供有益借鉴。

　　本书在书写过程中，得到许多专家、学者的帮助和指导，在此表示诚挚的谢意。由于笔者水平有限，加之时间仓促，书中所涉及的内容难免有疏漏之处，希望各位读者多提宝贵的意见，以便笔者进一步修改，使之更加完善。

目　　录

第一章　高校科技期刊的基本分析

第一节　期刊与科技期刊概述

一、期刊

在信息爆炸的时代，各类出版物如雨后春笋般涌现，其中期刊作为传播学术研究成果、交流思想观点的重要载体，占据着举足轻重的地位。为了更深入地理解期刊，特别是科技期刊的内涵与价值，有必要对期刊及其相关概念进行梳理。

（一）期刊与杂志概念辨析

"期刊"一术语源自英文"Journal"，其本身又衍生自"Magazine"（杂志）。追溯至词源，"Magazine"起源于阿拉伯语"Makhazin"，意为"仓库"。在现代语境中，"Magazine"一词仍被用来指代存放武器和弹药的军火库。从"军火库"这一概念引申，它亦被赋予了"知识库"的含义。由于"知识库"这一概念所包含的广泛性，它囊括了天文、地理、军事、科技、语言、文学、艺术等众多学科领域的知识。因此，将"Magazine"用以指称"知识库"是合乎逻辑的。进一步地，由于杂志本身也汇集了丰富多样的知识内容，故将其称为"Magazine"亦是易于理解的。

有关期刊，可以从权威性词典和政府文件的三种说法中得到具体理解。

第一，期刊也叫"杂志"，为定期或不定期的连续出版物（参见 1989 年版《辞海》）。

第二，所谓期刊，即定期出版的刊物，如周刊、月刊、季刊等（见 1978 年版《现代汉语词典》）。

第三，所谓期刊，指的是拥有固定的名称，按照一定的顺序进行编号，并按照固定周期出版的成册连续出版物（参见原新闻出版总署 2005 年 9 月 30 日公布的《期刊出版管理规定》第二条）。

在对上述三种观点进行比较时，除了在表述繁简上的差异外，一个显著的区别在于对期刊是否应被界定为定期出版物的认定。《现代汉语词典》明确指出，期刊应当是定期出版的连续性出版物；而《辞海》则采取更为宽泛的定义，认为无论是定期还是不定期的连续出版物，均可归类为期刊；根据《期刊出版管理规定》，期刊被定义为具有固定出版周期的出版物，即期刊特指那些定期出版的连续性出版物。

另外，《辞海》在将"期刊"界定为"定期或不定期连续出版物"之前，首先指出"期刊"又名"杂志"，也就是说，《辞海》将"期刊"完全等同于"杂志"，和另外两种说法有明显的差异。由此可见，《辞海》正是从"期刊"和"杂志"完全相同的认识基础上，才做出"定期或不定期的连续出版物"这种界定。

虽然将"期刊"和"杂志"作为同义词使用的情况非常普遍，但是，也有人认为期刊和杂志相比，前者的内涵大于后者，后者只是前者的一种，而前者还包括其他定期出版的连续出版物。可是，也有人持完全相反的意见，认为杂志的内涵比期刊的要大，其理由是：期刊只是定期出版的连续出版物，而杂志不仅指定期出版的连续出版物，还包括不定期出版的连续出版物。

在西方，也有相似的情况：有的学者将期刊看作学术性刊物的总称，而将杂志看作是大众化、综合性刊物的总称；也有学者将期刊看作比杂志更加宽泛的概念，认为杂志是期刊的一种。相关研究仍没有一个统一的定论。

国际及国内研究均揭示，对期刊进行明确定义并非一项简易任务。

笼统地将"期刊"和"杂志"看成同义词，当然能让问题简化，而且也比较符合普通大众的认识和管理部门的观点。但从科学的角度分析，却不一定是可取的，因为，如果这样，人们就没有必要长期反复使用两个词来表述同一个概念了。因此，称这类连续出版物为"杂志"的，正如旧版的《辞海》所界定的："发表众多作者之著述之刊物"，这是针对它内容范畴而这样界定的，认为只要符合这一点，就可以称之为杂志。所以，杂志应当既包括定期出版的连续出版物，也包括不定期出版的连续出版物。而被称为"期刊"的出版物，则应是指"定期出版的连续出版物"，即有固定周期的刊物。就像《现代汉语词典》所界定的：期刊是指"定期出版的刊物"，也如《期刊出版管理规定》第二条所指称的，期刊是"按一定周期出版的成册连续出版物"，而不应该包含不定期出版的杂志。

内容的多样性与定期出版特性，前者基于其内容属性进行界定，后者则依据其出版模式的特征进行区分。然而，在权衡两者并对比出版模式特征时，内容属性显然更深刻地揭示了其内在本质。因此，将此类出版物称为"杂志"似乎比"期刊"更为贴切，尤其是考虑到无论是定期还是不定期出版，其编辑活动的基本规律并无本质差异。尽管如此，目前人们已普遍接受"期刊"这一称谓，而对"杂志"一词的使用则相对较少。

（二）期刊的主要特征与概念界定

上面有关期刊与杂志异同的讨论，让我们对期刊有了一个大概的认识。但要真正回答什么是期刊的问题，还需要讨论期刊的主要特征，依据其特征进行定义。笔者根据自己的认识，将期刊的主要特征总结为如下几点。

第一，连续性出版物。该特征主要通过两个方面得以体现：首先，名称的稳定性，即保持恒定不变；其次，遵循特定的序列进行编号，该序列可以是卷次与期次的组合，抑或是年份、月份、日期等时间序列。

第二，定期出版。此概念涉及期刊出版的周期性特征，即各期出版时间间隔的固定性。依据出版周期的差异，期刊可划分为季刊、双月刊、月刊、半月刊、旬刊、周刊等类别，反映了期刊出版间隔的多样性。具体而言，季刊意指每季度发行一期的期刊，双月刊则指每两月发行一期的期刊，月刊则为每月发行一期的期刊。至于那些无固定出版周期的刊物，由于缺乏上述周期性特征，故不应归类为传统意义上的期刊。

第三，篇幅相对固定，装订成册出版。中国期刊的篇幅都是固定的，即便在出版过程中发生调整，后续也会以新的形态固定下来，形成稳定的篇幅规范。此外，期刊的开本尺寸与版式风格亦展现出高度的一致性，仅有少数期刊会进行适度变动，故可视为具有相对的固定性特质。国外期刊的篇幅管理同样遵循此规律，虽每期间存在小幅波动，但整体上仍维持着一种相对的稳定状态。至于出版形式，期刊普遍采用装订成册的方式，尽管偶有例外，但这些情况极为罕见，不构成主流趋势。另外，从装帧角度来看，期刊大多采用平装形式，以便于流通与保存。

第四，遵循一定的方针进行编辑。期刊作为一种连续出版物，其各期虽然在内容上相互独立，但通过遵循共同的编辑方针而紧密相连，这种内在的一致性确保了期刊的连续性与整体性。共同刊名作为期刊连续性的直观体现，不仅在形式上将各期统一为一个系列，更在深层次上承载着期刊的学术定位与品牌价值。值得注意的是，尽管绝大多数期刊在长期出版过程中会保持编辑方针的稳定性，但仍有少数期刊根据学术发展或市场需求进行编辑方针的调整。这类调整往往数量有限，且多为局部优化，旨在更好地适应外部环境变化。一旦编辑方针发生变更，期刊便会在新的指导原则下长期运行，以维护其学术影响力与持续发展。

第五，内容和作者具有多样性。期刊内容的多样性可通过以下维度得以展现：首先，每份期刊所收录的稿件数量众多，且各篇稿件在内容、风格、观点等方面均展现出显著的异质性；其次，各期刊所刊载的稿件主题、题材及观点各异，从而在主题、题材、观点等多个层面彰显出多样性；最后，文章的篇幅长短不一，亦在篇幅维度上呈现出多样性特征。尽管期刊内容具有多样性特征，但这并不意味着期刊内容杂乱无章，相反，其多样性是在统一的编辑方针指导下实现的。换言之，尽管内容多元，但编辑方针的统一性为这些内容提供了内在的连贯性；同时，期刊的统一编辑方针亦需通过内容的多样性得以具体体现。这两种特征之间既存在相互制约的关系，又相互促进，共同构成了期刊内容的丰富性。此外，期刊内容的多样性还体现在稿件作者的广泛性上，即稿件由众多不同的作者撰写而成。

第六，出刊及时。相较于图书，期刊具有较短的出版周期，能够迅速地刊载大量稿件，且内容更新颖，发行范围及影响力更为广泛。

通过期刊上述特征的描述，为期刊做如下定义：期刊是一种定期出版的连续出版物，它按一定的方针编辑、刊登众多作者多样内容的稿件，并以固定刊名、相对固定的形式顺序编号、成册出版。

（三）期刊与书籍、报纸

期刊和书籍、报纸，是纸质出版物的三种最主要形式。它们之间有很多共性，又各有特点。对期刊与书籍、报纸的特点和主要不同的地方进行分析和比较，不仅有助于我们认识期刊，也有助于我们加深对期刊定义的理解和掌握。

1. 期刊与书籍

期刊与书籍在出版特性上存在显著差异，具体可从以下五个方面进行阐述。

第一，期刊作为一种连续性出版物，其每一期既具有独立性又表现出连续性。从独立性角度而言，每期期刊均可独立成册，具备单独出版与发行的能力；然而，从连续性视角来看，期刊在内容、刊名及编号等方面均呈现出连贯性。相对而言，书籍作为独立实体，即便是系列丛书，也通常保持其独立性，与期刊的连续出版特性存在本质区别。

第二，期刊的出版具有定期性，而书籍的出版则不具备固定的周期性。

第三，期刊相较于书籍具有更高的时效性，其内容往往与现实情况紧密相连。一期期刊的最佳时效期通常介于其出版与下一期发行之间，一旦超过此期限，该期期刊即成为过时资料。尽管书籍亦需与现实情况相结合，但其通常要求与较长时间跨度的现实情况相吻合。与期刊相比，书籍具有更高的稳定性，并且其时效性更长，因此在文化积累方面具有期刊所不具备的优势。

第四，期刊内容的多样性是其显著特征，由不同作者撰写的稿件按照一定的编辑方针编辑成册，而书籍则通常围绕单一主题展开讨论，形成一个内容完整、自成体系的系统。即便是由不同内容稿件编纂而成的论文集、小说集等，也主要因其内容的完整性而构成一个系统。

第五，期刊在文体上表现出更大的多样性。即便是自然科学领域的学术期刊，其稿件文体也可能包含论说、叙述等；文学期刊的文体则更为广泛，包括小说、剧本、散文、诗歌等多种形式。相比之下，书籍通常以一种文体为主，尽管某些书籍可能包含多种文体，但其核心内容仍保持文体的一致性。

2. 期刊与报纸

我们对期刊与报纸之间的差异进行了深入分析。第一，期刊与报纸作为定期连续性出版物，其主要区别在于内容定位。期刊主要刊载论述性、教育性及娱乐性等稿件，而报纸则以新闻报道为主。即便时事类期刊也倾向于新闻综述与分析，而非单纯报道。报纸若仅包含新闻与消息，仍可视为报纸；然而，若期刊仅限于新闻与消息，其身份则难以被认定为传统意义上的期刊。

第二，作为定期出版物，期刊的出版周期普遍长于报纸。典型的报纸如日报，每日发行。期刊则涵盖从周刊到季刊等多种形式。在某些国家，期刊的定义要求其出版周期超过一周，或至少三天。这表明期刊的出版周期至少为三天或一周，与日报的即时性形成鲜明对比。

第三，报纸的短出版周期与新闻报道的特性决定了其时效性较期刊更为紧迫。例如，日报的最佳时效期为发行当天，过期则失去时效性。因此，报纸所刊载的文章与期刊相比，更紧密地结合当前现实。

第四，期刊通常以装订成册的形式出版，而报纸则以散页形式发行。报纸的开张尺寸通常大于期刊，常见的有对开张或四开张，而期刊则多为国际大 16 开本、16 开本、32 开本等，尺寸一般不超过 8 开本。

综上所述，期刊与书籍、报纸之间的差异主要基于它们各自的主要特征。若进一步从各自的任务与作用角度深入探讨，还可发现更多差异。然而，鉴于篇幅限制，此处不再赘述。

（四）期刊的类别划分

1. 期刊分类的意义

期刊分类的必要性源于期刊数量的持续增长。当期刊数量达到一定规模并形成多样化类别时，期刊分类便应运而生，这亦是期刊编辑学研究的内在需求。通过对期刊共性和特征的归纳与区分，我们能够掌握其内在规律，进而提升期刊的管理水平，增强其社会功能和影响力，这正是期刊分类的核心价值所在。一方面，分类作为一种认识过程，是动态发展的。随着人们对事物认识的不断深化和全面，分类的精确度和深度亦随之提高。另一方面，由于事物的复杂性和多样性，分类过程中可能会因侧重点不同而产生差异，导致同一事物存在多种分类方法。

即便采用科学的分类方法，分类后的各类别之间也并非完全独立，而是存在一定的联系和交叉。因此，在进行期刊分类时，我们既要遵循科学方法以提高研究的严谨性，又不能将分类结果绝对化。实际上，分类后的各类别之间仍然存在相互联系甚至重叠。

期刊分类的一般规律同样适用，因此存在多种分类方法。例如，从期刊管理的角度出发，期刊可分为公开发行期刊和内部发行期刊。公开发行期刊是指获得国家新闻出版广电总局批准，并拥有 CN 号和 ISSN 号的期刊；而内部发行期刊，即内刊，仅需获得地方广电部门的准印证。此类分类主要基于管理层面，从编辑学研究的角度来看，其意义相对有限。本文所探讨的分类方法，主要侧重于从研究期刊的角度进行。

从研究期刊的角度出发，分类可以从期刊的形式和内容两个维度进行。

2. 按照形式进行分类

依据期刊的外在特征和共性进行的分类，属于基于形式的分类方法。此类分类仅关注期刊的外在形式，而不涉及其内容实质。尽管此类分类属于基础层次，但其简便性和易理解性使其具有实际应用价值。此外，对于期刊研究而言，形式分类亦具有重要意义，因为期刊的形式并非完全独立于内容之外，而是往往受内容所决定。

按形式进行的分类，主要包括以下三个方面。

第一，按照篇幅进行分类。主要分为大型期刊、中型期刊与小型期刊。大型期刊，指的是篇幅较多的期刊；中型期刊、小型期刊，是指篇幅中等和较少的期刊。篇幅多少，并没有明确的界定，但通常会有一个约定俗成的标准。比如，经常会把《当代》《十月》等称为大型文艺期刊，而把《山东文学》等称为中型文艺期刊，把《山西青年》等称为小型刊物。大、中、小的区分，并不表明期刊质量的高低。

第二，按照开本大小进行分类。主要包括国际大 16 开、大 16 开、16

开、大 32 开、32 开等。一般来说，开本和刊型之间往往是有关联的：大型期刊一般采用国际大 16 开、16 开等大开本，而小型期刊一般则采用 32 开本。

第三，按照刊期进行分类。刊期指的是出版周期，根据刊期的不同可以将期刊分为季刊、双月刊、月刊、半月刊、旬刊、周刊等。

3. 根据内容进行分类

与从形式着眼进行分类相比，根据内容进行的分类更为科学。因为内容往往涉及期刊的本质，这也就使这种分类方法具有了更高的价值。

按照内容进行分类，方法也非常多，在这里仅列举以下三种。

（1）根据读者群的不同进行分类

在学术研究中，期刊内容的受众定位是编辑工作的重要组成部分。受众群体的特征具有多样性，而非单一维度，因此，基于受众群体的不同特征进行期刊分类具有重要的学术价值。常见的分类维度包括性别、年龄、职业等，这些维度之间亦存在交叉现象。

依据性别维度对期刊进行分类，可将期刊划分为男性期刊和女性期刊。女性期刊的起源较早，例如，18 世纪英国的《淑女使者》等，其产生的背景与当时英国工业革命带来的社会财富增长及女性阅读时间的增加有关。中国女性期刊的起源亦较早，《妇女杂志》创刊于 20 世纪 20 至 30 年代。尽管早期并未特别区分男性期刊，但随着社会进步，近年来已出现专门针对男性读者群体的期刊，如《时尚先生》《男人装》《型男志》等，它们是针对男性时尚领域的专业期刊。

依据年龄维度对期刊进行分类，传统上主要分为青年期刊和少儿期刊，这一分类在国内外均得到普遍应用。其原因可能与青少年作为社会未来的代表，以及他们正处于知识渴求的关键期，具有根本性的信息需求有关。近年来，随着全球人口老龄化的趋势，针对老年群体的期刊在国内大量涌现，例如《中国老年》《当代老年》《老年生活》《老年春秋》《中华老龄杂志》等。

依据职业维度对期刊进行分类，可以细分为面向工人、农民、企业家、知识分子等不同职业群体的期刊。这种分类方式有助于期刊内容的专业化和针对性，满足不同职业群体的特定信息需求。

（2）根据内容层次进行分类

通常情况下，不同文化层次的读者群体倾向于阅读与其文化层次相匹配的期刊内容。然而，亦存在某一文化层次的读者群体可能涉猎其他层次期刊的现象，因此读者群体与期刊内容层次之间并非存在绝对的界限，亦非完全一致。

按照期刊内容层次，一般可以把期刊分为高级期刊、一般期刊、通俗期刊三类。

高级期刊，通常指的是那些以发表高水平学术论文、研究报告为主，面向专业研究人员、学者及高级知识分子的高端出版物。这类期刊对文章质量有着极为严格的要求，往往只接受经过严格同行评审的原创性研究成果，确保内容的创新性、科学性和权威性。高级期刊通常拥有较高的影响因子，是学科领域内公认的权威平台，对于推动学术进步、促进知识创新具有重要作用。就国内期刊而言，如《山东社会科学》《文史哲》《编辑之友》《编辑学报》《北京大学学报》等，都可归入此类。

通俗期刊，则更加注重内容的普及性和娱乐性，面向广大普通读者。这类期刊通常是以轻松的语言风格、生动的表现形式介绍科学知识、生活技巧、文化娱乐等内容，旨在拓宽公众视野，提高科学素养，丰富精神生活。通俗期刊往往图文并茂，易于理解，是科普教育、文化传播的重要载体。例如，《科学美国人》（*Scientific American*）等，将复杂的科学原理转化为大众易于接受的形式，激发了公众对科学的兴趣与热情。

一般期刊，则介于高级期刊与通俗期刊之间，其内容既包含一定深度的专业分析，又兼顾更广泛读者的理解能力。这类期刊既发表学术研究文章，也刊载行业报告、政策解读、教育资讯等，旨在满足行业内外人士对专业知识的需求。一般期刊的读者群相对广泛，包括科研人员、教育工作者、政策制定者及对该领域感兴趣的公众。通过平衡学术性与可读性，促进了专业知识的传播与应用，是连接学术界与社会实践的桥梁。

（3）根据期刊内容的性质进行分类

基于此，期刊可划分为综合性与专门性两大类别。综合性期刊，顾名思义，其内容广泛，涵盖多个学科领域。此类期刊通常旨在为读者提供全面的知识视野，包括自然科学、社会科学、人文艺术等多个方面。它们往往发表跨学科的研究成果，促进不同领域之间的交流与融合。综合性期刊的优势在于其广泛的覆盖面和跨学科的特性，能够吸引来自不同背景的读者和作者，促进知识的多元化传播与创新。例如，《自然》和《科学》等世界顶级综合性期刊，不仅报道最新的科研成果，还常常涉及科技政策、伦理道德等广泛议题，对科学界乃至整个社会都产生深远影响。相对而言，专门性期刊则聚焦于某一特定学科或专业领域，内容深度高、专业性强。此类期刊致力于为特定领域的学者、研究人员及从业者提供深入、细致的研究成果和行业动态。专门性期刊往往有明确的读者定位，其文章多涉及该领域的前沿探索、理论分析、实验方法等，对于推动学科发展、促进学术交流具有重要意义。例如，在医学领域，《柳叶刀》等专门性期刊聚焦于临床医学的最新进展，为医生、医学研究者提供了宝贵的学术资源和实践指导。鉴于各学科分支的日益精细化以及新学科的不断涌现，专门性期刊的增长速度非常快。

依据期刊内容的性质进行分类，还可将期刊进一步划分为自然科学期刊和社会科学期刊两大类，或者细分为学术性期刊、知识性期刊、生活娱乐性期刊、文学艺术性期刊等。

二、科技期刊

我国科技期刊事业正与经济发展和科技综合国力同步,经历着一个充满活力和繁荣发展的历史时期。因此,作为科技期刊的编辑人员,正迎来一个展示专业技能的良机,同时也必须面对众多机遇与挑战。在致力于提升科技期刊质量的同时,亦须进行深入的思考与研究,明确科技期刊的定义、功能及其作用。

(一)科技期刊的内涵特征

由国家科学技术委员会、新闻出版署共同制定的《科学技术期刊管理办法》总则指出:科学技术期刊是指具有固定刊名、刊期、年卷或年月顺序编号、印刷成册、以报道科学技术为主要内容的连续出版物[①]。科技期刊出版工作是国家科学技术工作和出版工作的重要组成部分。其主要任务是宣传党和国家的科技方针政策和科技法律法规,公布新的科技成就,传播科技信息,交流学术思想,促进科技成果商品化、产业化,为社会主义物质文明与精神文明服务。可见,科技期刊不仅具有普通出版物的属性,还有其特殊性,在一定程度上代表着一个国家科学技术的发展水平和科技创新能力。

科技期刊的创刊宗旨主要在于普及科学技术知识,推动科学技术进步,以及培育和造就科技人才。科学技术需服务于国家经济发展,解决生产建设中亟待解决的科技难题,并构建一个科技创新观点交流与讨论的友好平台,这一点至关重要。因此,科技期刊在规划报道内容时,无论是长期还是短期,基础研究或应用研究,都应明确这一宗旨。不仅要报道能够解决当前生产问题的科研成果,还应刊登那些虽对当前生产不具紧迫性,但能为生产发展开辟新路径、提供新视角、拓展新思路的学术文章。

---

① 郑秀娟. 科技期刊编辑探索 [M]. 北京:石油工业出版社,2013:15.

　　在信息传播领域，科技期刊在很大程度上融合了图书和报纸的各自优势，同时规避了它们的局限性。与图书相比，科技期刊具有连续性出版的特点，且出版周期较短，能够实现快速传播；与报纸相比，其版面更为丰富，便于进行深入的专业报道。科技期刊是信息交流发展到一定阶段的必然产物，并形成了其独特性，具体表现如下。

　　第一，内容具有科学性。与普通出版物相比，科技期刊的内容必须经过严格的同行评审，确保其学术质量和科学价值。这一特点体现在期刊发表的每一篇文章都需经过作者精心研究、数据严格验证，并经由领域内专家评审，以保证其科学性、创新性和实用性。科技期刊的科学性还体现在其内容的前沿性和引领性上，关注学科发展的最前沿，及时报道最新的科研成果和技术进展，为科研人员提供宝贵的学术资源和研究思路。此外，科技期刊的科学性还表现在其严谨的出版流程上。从投稿、审稿到发表，每一个环节都遵循着严格的学术规范和标准，以确保期刊内容的准确性和可靠性。这种科学性的追求，使得科技期刊成为科学研究领域最具权威性的出版物之一。

　　第二，报道面相对较窄。科技期刊的报道范围相对有限，主要聚焦于特定学科或专业领域。此类狭窄的报道范围赋予科技期刊深入探讨和解析特定领域问题的能力，为读者提供更为专业和详尽的信息。同时，报道范围的集中性使得科技期刊能够迅速捕捉并反映学科发展的最新动态和趋势，成为科研人员获取前沿信息的关键渠道。

　　第三，作者群固定。科技期刊的作者往往是某一领域的专家或学者，他们具备深厚的学术功底和研究经验，能够撰写出高质量的学术论文。这种作者群的狭窄性保证了科技期刊内容的专业性和权威性，使得期刊发表的每一篇文章都具备较高的学术价值。

　　第四，读者群相对稳定。科技期刊的读者群相对稳定，主要由相关领域的科研人员、学者和专家组成。这些读者对期刊内容有着较高的需求和期望，通过阅读科技期刊来获取最新的科研动态、研究方法和技术进展。

稳定的读者群为科技期刊提供了持续的关注和支持,也为其在学术界的影响力和权威性奠定了坚实的基础。

第五,作者与读者往往相互交融。许多科技期刊的作者同时也是其他期刊的读者,他们通过阅读他人的研究成果来启发自己的研究思路和方法。这种作者与读者的交融性不仅促进了学术思想的碰撞与交流,也推动了科学研究的进步与发展。此外,科技期刊还通过举办学术会议、研讨会等活动,为作者和读者提供了更为直接的交流平台。在这些活动中,作者可以展示自己的研究成果并听取他人的意见和建议,而读者则可以更深入地了解作者的研究背景和思路。这种交融性的存在使得科技期刊成为一个充满活力的学术社区,为科研人员提供了一个展示自我、相互学习的平台。

(二)科技期刊的类型划分

按内容划分,科技期刊一般分为五大类:综合性期刊、学术性期刊、技术性期刊、检索性期刊、科普性期刊。综合性期刊以刊登党和国家的科技方针、政策和科技法律法规、科技发展动态和科技管理为主要内容;学术性期刊以刊登研究报告、学术论文、综合评述为主要内容;技术性期刊以刊登新的技术、工艺、设计、设备、材料为主要内容;检索性期刊以刊登对原始科技文献经过加工、浓缩,按照一定的著录规则编辑而成的目录、文摘、索引为主要内容;科普性期刊以刊登科普知识为主要内容。

按出版周期划分,则有年刊、半年刊、季刊、双月刊、月刊、半月刊、周刊。在我国,年刊一般是年鉴类,半年刊在科技期刊中也很少见,双月刊和月刊为多见。就目前科技期刊的发展状况来看,多数期刊都有从长周期出版向短周期出版过渡的趋势,这主要与科技发展越来越快、论文产出率增快、信息传播速度加快等有一定的内在联系。

按主管部门划分,则有全国性期刊和地方性期刊。全国性期刊是指国务院所属部门、中国科学院、各民主党派和全国性人民团体主管的期刊。地方性期刊是指各省、自治区、直辖市各委、厅、局主管的期刊。当然，这种划分方法主要是管理上的需要，其区别只限于主管部门的不同，不反映期刊和论文的质量与水平。

科技期刊的分类是为科技期刊服务于社会及科技人员服务的，一般情况下，科研工作人员关注的是期刊的刊登内容与出版周期，即综合性期刊还是学术性、技术性、检索性、科普性期刊，刊登内容是否和文稿相符，文章发表的时滞多长，这对科研人员发表文章时选择期刊至关重要。

（三）科技期刊的质量要求

科技期刊的质量标准涵盖了内容、编辑和出版等多个方面。在政治、编辑和印刷标准上，综合性、学术性、技术性、检索性和科普性期刊大体保持一致，然而在内容标准上，各类期刊各有其特定的侧重点：综合性期刊的选题广泛，关注社会经济建设，其观点具有强烈的针对性，对科研、管理、生产及社会进步具有指导意义，既关注当前发展也着眼于长远规划，既强调应用价值也注重知识储备；学术性期刊则致力于反映国内学术研究的深度与广度，其内容具有创新性与探索性，立论严谨、论据充分、预测准确，具有显著的学术价值；技术性期刊专注于材料、设备、工艺和操作等技术领域的创新与发现，其技术内容在先进性和适用性方面表现突出；科普性期刊则以科学性和健康性为核心，内容富有思想性，知识覆盖面广，内涵丰富，同时兼具通俗易懂的特点和新颖的体裁形式。编辑人员在处理不同类型期刊时，应高度关注这些差异，以更好地服务于作者和读者。

1. 科技期刊的内容要求

反映科学技术水平和发展动向，及时报道本学科重大科研成果和科研进展，代表学科发展前沿，具有超前意识。科技期刊的质量主要包括信息量大小、传播效率和社会规范适应程度。

（1）信息量。信息量作为一个科学概念是1948年信息论创始人申农（Shannon）首先提出的，他认为：信息量等于被消除的"不定性的数量"，是受信人受信后对问题的"两次不定性之差"[①]。信息量的大小不能单纯依据信息本身，还要依据受信者对信息的需要、理解和接受的程度，要把两者有机地结合起来，才能正确地估算出其分量。据此，信息量大的科技期刊具有三个特点：一是提供的信息应该是读者未知的。科技期刊要强调学科观点的原始性、创新性和突破性，代表学科发展的前沿，具有超前意识；技术性期刊应囊括新论点、新认识、新创造、新发明、新方法等，为读者提供新的视角与新的思路，能够启迪读者的灵感；二是需深入洞悉其读者群体，确保所刊内容具有高度的针对性，能够契合读者的实际需求或紧迫需求，从而塑造出独特的办刊特色；三是应着力凸显主要信息，优先发表具有重大价值的科研成果。所载文章需具备鲜明的主题、清晰的论点及精练的文字表达，以确保信息的有效传播与吸收。

（2）传播效率。科技期刊作为学术成果传播的重要载体，其信息传播需严格遵循准确性、同型性及有效性的核心要求。准确性强调信息必须客观、真实且精确无误，这是科学研究的基石，也是期刊公信力的体现。同型性则要求在信息传播过程中消除一切可能的干扰与失真，确保信息在传递过程中含义保持一致，避免因表述差异导致的误解。有效性则着眼于传播目的的实现，即信息需被目标受众准确理解、广泛接受并有效应用，从而促进知识的积累与科技的进步。此外，传播质量还受内容质量与期刊外观等多重因素影响，尤其是封面设计，作为期刊的"门面"，对吸引读者、提升期刊形象及增强传播效果具有不可忽视的作用。

---

① 李国武. 申农与信息科学的创立［J］. 西北大学学报（自然科学版），2011，41（05）：930-934.

（3）社会规范的适应程度。科技期刊工作是整个社会科技活动的一个组成部分，它必须在总的社会目的的要求和社会规范的制约下进行。科技期刊能否适应社会规范的共同要求，是构成期刊质量的前提性因素。科技期刊要贯彻执行国家的科学工作和出版工作的各项方针政策，坚持辩证唯物主义的指导原则和学术上的"双百"方针，依据法律正确处理自身内容以及与其他社会活动之间和国际之间的矛盾关系。

2. 科技期刊的编辑要求

在内容呈现方面，科技期刊应致力于发掘具有前瞻性和潜在价值的信息，并以易于读者接受的方式展现，从而增强信息的可读性和影响力。选题与栏目设置应恰当，栏目设计需合理且保持体例一致性，以构建系统的知识架构。此外，期刊应制定短期、中期和长期的报道规划，紧密追踪学科发展动态，满足读者多样化的需求。学术准确性是期刊的核心，必须确保所有数据、公式的准确性和正确性。文章结构应清晰、逻辑严谨、文字精练，以反映学术研究的深度与广度。同时，期刊应严格遵守国家出版规范，统一规范术语，提高出版物的标准化程度。长篇文章应附有摘要和关键词，年终应附录年度题录索引，以便读者检索和查阅。此外，期刊还应标明稿件的接收和发布日期，并努力缩短出版周期，确保信息的时效性。

3. 科技期刊的出版要求

版式设计需遵循科学性、规范性、合理性和美观性原则，严格符合国家现行标准。布局应协调一致，字体选择需精练考究，风格统一，且排版中倒置排版现象应尽量减少。版权页和目录页应符合标准化要求，出版周期应尽可能缩短，且错误率应保持在较低水平。封面设计应庄重且具有特色，印刷质量需精良，纸张质地优良，著录项应完整无缺。印刷图像需清晰，墨色浓淡适宜、均匀且无污迹，照片的明暗对比适度，层次分明。印刷和装订过程中应无明显错误，装订应整齐、规范且牢固。裁切应精确无误，确保无缺页、损页、倒页、连页或白页现象。

（四）科技期刊的主要功能

科学技术作为人类文明进步的关键驱动力之一，其发展对科技期刊的演进产生了深远的影响。科技期刊作为科学技术传播与交流的重要平台，其发展态势又反向促进了科学技术的进步。作为普及科学技术知识、提升科技成果转化效率、学术问题探讨、科学繁荣促进以及科技人才培育的重要媒介，科技期刊的编辑出版工作对于推动科学技术现代化进程、提升民族科学文化素养具有不可替代的作用。此外，科技期刊在科技史的传承中扮演着重要角色，其影响深远，其核心功能主要体现在以下几个方面。

1. 科技期刊是宣传国家科技政策的重要阵地

科技期刊作为展示国家科技工作导向与战略部署的关键平台，是科技事业不可或缺的组成部分。其刊载的论文必须体现国家对科学技术发展的指导原则，并贯彻科技服务于国民经济发展的根本宗旨。

通常，旨在介绍国家科技政策的文章会发表在综合性科技期刊上。在撰写此类政策性文章时，必须严格遵守党和国家的政策导向、法律规范及法规要求。在选题、论证、结论推导及建议提出等环节，必须确保准确传达、深入贯彻党和国家现行的政策精神，坚决避免对国家科技政策的曲解、误读或违背。

国家科技政策内容广泛，涉及众多政策法规条目，这要求期刊编辑必须具备敏锐的政策法规洞察力，能够全面捕捉科技政策的动态趋势，并迅速有效地向科技工作者传递相关信息。国家科技政策的信息来源主要包括：宪法及法律中的相关条款（含最高人民法院的司法解释）、法规（含国务院发布的文件）、规章以及规范性文件等。

鉴于科技工作者学习众多法律法规的现实困难,期刊在挑选相关重要内容进行解释与论证方面发挥着重要作用,以形象生动的方式向科技工作者宣传,保护其个人利益和国家利益不受影响。因此,作为综合性科技期刊,宣传国家科技政策不仅是一个重要阵地,而且是一项责任重大且长远的事业。

2. 科技期刊是传播科技知识的有力工具

在当前多媒体时代,科技知识的传播与交流方式呈现出多样化特征,为科技传播提供了多维度的渠道。然而,科技知识的传播并非快餐文化,它要求专家学者进行精心的准备,并需要读者进行深入的阅读与研究。尽管在信息传播领域,印刷模式正逐渐被边缘化,科技知识的传播仍然以印刷载体为主要途径。在科技知识传播中,印刷载体主要包括科技期刊、科技图书和科技报纸。

科技图书作为承载丰富学术积累和知识体系的关键媒介,其内容特征极为突出。具体而言,科技图书通常基于成熟的研究成果,构建出高度系统化的知识架构,是科技信息的集大成者。同时,它们在教育人才和传承知识方面发挥着至关重要的作用。然而,科技图书也存在一些不容忽视的局限性。由于出版流程的复杂性,其出版周期相对较长,导致内容更新速度滞后。加之科技领域的快速变化,图书内容容易过时,时效性受到显著影响。在现代科技知识快速迭代的背景下,科技图书已难以满足公众对最新科技动态的迫切需求,其在信息传播方面的作用亦逐渐减弱。

报纸作为一种传统的印刷媒介,凭借其便捷性和广泛的覆盖范围,一直被视为消息传播的重要途径。其核心功能在于迅速而广泛地传播各类新闻信息,因此,报纸内容通常具有显著的新闻性和时效性。然而,由于篇幅和出版周期的限制,报纸在报道复杂的科学技术问题时往往难以做到详尽。尽管部分报纸会推出深度报道以弥补这一不足,但短周期的出版特性仍然可能导致信息在准确性和科学性上存在缺陷。报纸虽然能为读者提供科技信息的线索和概览,但难以作为完整且深入的科技信息源。因此,对于科技知识的传播与交流而言,仅依赖科技报纸是远远不够的。

科技期刊的出现晚于科技图书和科技报纸,它巧妙地融合了科技图书的深入详尽和报纸的时效性与广泛性,有效规避了这两者的局限性。科技图书以其深入详尽的阐述见长,而报纸则胜在时效性与广泛性;科技期刊则兼收并蓄,既保证了内容的深度与专业性,又不失时效性与广泛的传播力。这一融合特性,使得科技期刊成为科技信息传播领域中的佼佼者。

从历史的角度来看,科技期刊是社会进步和科技创新发展的必然产物。它不仅承载着丰富的科技信息源,更以其独特的传播优势,极大地促进了科技水平的快速提升。作为国际学术交流的重要平台,科技期刊通过发表来自全球科学家的学术论文,搭建起跨越国界的沟通桥梁。这一平台不仅向世界展示了国内科研成果的卓越风采,同时也为引进国外先进技术提供了便捷途径,从而有力推动了国际科技交流的深入与广泛发展。

3. 科技期刊是促进社会生产力发展的助推器

科技期刊在科学技术知识向生产力转化的进程中发挥着不可或缺的作用,它充当了连接实验室研究成果与实际应用的桥梁与中介。其推动作用主要体现在,科技期刊通过广泛而深入的传播机制,使得最新的科研成果能够迅速扩散至生产领域,激发创新思维,指导生产实践,进而促进社会生产力的持续提升。从其本质属性来看,科技期刊是智力劳动的结晶,属于精神产品的范畴,它承载着科学家的智慧与心血,是知识传承与创新的重要媒介。

科技期刊的使用价值在于其能够产生巨大的社会效益,这一价值源自其思想性、独创性和知识性的深度融合。科技期刊所刊载的内容，往往能够引领学科前沿，启迪新的研究方向，其效益特点表现为积累性、社会性，且这种效益是长期的，难以用精确的数字来衡量。价值实现方面，科技期刊主要通过其社会效益来体现，它以一种公益的、无偿的方式，为全社会提供知识与智慧的滋养，促进科技进步与社会发展。

4. 科技期刊是科技信息的储存库

科技期刊作为科技文献的关键组成部分，构成了科学宝库中不可或缺的珍贵收藏。其不仅详细记录了人类科技知识与创新的发展历程，而且在激发科研思维、提升技术与理论水平方面发挥着至关重要的作用。在科研、教学及生产实践中，科技期刊扮演着无可替代的角色，成为科学研究、学术写作、教学活动及自我教育的关键基础。

科技期刊通常是新成果、新发现、新思想及新观点的首发平台，这些创新性内容对于推动学科进步、促进知识更新具有不可估量的价值。相较于网络信息，科技期刊所发布的信息更为科学、精确、系统且详尽，其可信度更高，为科研人员提供了坚实的信息支持。此外，与图书相比，科技期刊的信息更为整合、综合，便于检索与学习，成为科技工作者获取最新研究动态和成果的首选渠道。

科技期刊还肩负着记录科技发展历史的重任，提供了科技发展的详尽历史记录，为科技工作者提供了丰富的历史资料，有助于他们追溯学科发展的脉络，把握未来研究的方向。因此，科技期刊不仅是科技信息的存储库，更是推动科技进步与创新的关键力量。

5. 科技期刊是发现培养科技人才的苗圃

发现培养科技人才这一功能的实现，依托于科技期刊作为科技工作者自由讨论科技观点和学术思想的园地，为科研成果与经验的交流提供了广阔的平台。

首先，科技期刊作为交流平台，促进了科技界内部的深度对话与合作。科研人员通过提交论文、参与评审、阅读他人研究成果，得以在同行间分享见解、质疑观点、激发灵感。这种自由而开放的学术交流环境，不仅加速了科研成果的传播速度，还促进了科研方法的优化与创新思维的碰撞，为科技人才的成长提供了肥沃的土壤。期刊上的每一篇文章，都可能成为启迪新星、引发科学革命的火花。

其次，科技期刊如同"大学"，在知识传授与技能培养上发挥着不可替代的作用。它不仅输送最新的科学知识与技术进展，还通过发表高质量的研究论文，为科研人员树立了学术标杆，引导他们追求卓越、勇于创新。更为重要的是，期刊通过严格的同行评审机制，筛选出具有潜力的青年学者，为他们的学术道路铺设基石，从而发掘和培养出一批批科技创新人才。特别是对于年轻人才的培养，科技期刊承担着特殊的使命。通过多发表年轻人的文章，给予他们展示自我、获得认可的机会，有助于提升其科研自信与积极性。期刊在知识更新、终身教育中扮演的角色，不仅限于传递知识，更在于激发年轻人的探索精神与创新能力，进而影响并引导他们的研究方向，为科技领域的持续繁荣注入新鲜血液。

6. 科技期刊是作者与读者间信息沟通的桥梁和中介

科技期刊本身的信息承载与传播能力，以及其构建的高效、便捷的沟通机制，有利于实现作者与读者间信息沟通的桥梁和中介功能。

科技期刊作为学术交流的桥梁，连接了科技知识的生产者与消费者。期刊通过发表科研论文、综述、评论等多种形式的内容，将作者的研究成果及时传递给读者，使读者能够迅速掌握学科前沿动态，促进科技知识的广泛应用与转化。同时，期刊提供的作者联系信息，如电子邮箱、通信地址等，为读者与作者之间的直接沟通提供了可能，有助于学术问题的深入探讨与合作机会的发掘。

随着时代的发展，科技期刊的桥梁作用进一步得到强化。许多期刊建立了作者库与读者库，利用现代信息技术手段，如网站留言功能、社交媒体平台等，为读者提供了更多联系专家的便利。这些举措不仅缩短了作者与读者之间的距离，还极大地丰富了学术交流的形式与层次，使得科技信息沟通更加高效、广泛。

不可忽视的是，科技期刊作为信息中介的重要性，在于其能够促进学术问题的解决与科技的进步。通过期刊这一平台，科研人员能够快速获取研究所需的资料与数据，验证假设，修正错误，从而推动科学研究的深入发展。此外，期刊对于科研成果的公正评价与筛选，也为科技资源的优化配置提供了重要参考，促进了科技领域的健康发展。

第二节　我国高校科技期刊的发展变迁

高校科技期刊作为展示高校教学与科研成果的重要平台，发挥着不可或缺的作用。它们不仅是促进国内外学术交流、共享最新科研成果的媒介，更是传承优秀文化、传播学校文化的有效渠道。作为展示高校科研成果、学术水平和综合实力的窗口，高校科技期刊构成了国家科技期刊的重要组成部分。其办刊水平和知名度，亦成为衡量高校教育发展和学科建设水平的重要标准。

有关中国高校科技期刊史的研究，始终得到中国高校科技期刊研究会及其前身中国高校自然科学学报研究会的鼎力支持。目前，已取得《中国大学科技期刊史》《中国近代科技期刊源流》、"中国高校科技期刊现状调查与分析"等成果。对新中国成立以后高校科技期刊历史的研究也开始陆续见刊。结合刊情，也陆续有一些从创刊到现状的期刊个案研究成果。本节按历史逻辑展开，对高校科技期刊的演变与发展做系统考察。其中现状总量的统计，包括与高校联合主办的科技期刊，但不包含科技教学参考和科普类期刊。

一、晚清书院和学堂时代的生根萌芽

唐宋以来的书院制度，作为中国封建社会特有的一种教育形式，承载着藏书、教学与学术研究等多重功能，形成了独具特色的高等教育体系。至清代，书院蓬勃发展，数量竟达 2 000 余所。然而，1901 年清政府的教育改革，促使书院向大、中、小学堂转变，这一变革导致书院逐渐退出历史舞台。尽管如此，书院制度仍为后世高校科技期刊的孕育提供了原始土壤，其学术传统影响深远。

中国近代最早的教会大学上海圣约翰书院（1879 年创建，16 年后的 1905 年在美国注册为圣约翰大学）于清光绪十五年（1889 年）创刊的《约翰声》（*The St.John's University Echo*）双月刊，是中国最早的文理综合性大学学报，其编辑出版模式颇具特色，不仅紧密结合学校各学科的学术资源，而且采取文理综合、中英文合刊的形式，得到了校长的大力支持与学校的全额出资，主要以学生为参与主体，彰显了其独特的学术活力与培养机制。如刘麟生的《论昆虫移徙与禽鸟相似》，运用了现代昆虫生物学的研究方法，深入探讨了昆虫迁徙与候鸟迁徙之间的相似性，展现出显著的原创性和科学性，为当时的学术研究注入了新的活力。

晚清书院和学堂时代比较重要的高校文理综合性期刊还有清光绪三十二年（1906 年）东吴大学堂文理学院学生会创办的文理综合性期刊《学桴》（《东吴月报》）。

浙江瑞安利济医学堂是我国第一所中医专门学校，于清光绪二十三年（1897 年），由陈虬（1851—1904 年）创办的第一份高校科技学报——《利济学堂报》及其连体经营的利济医院、利济学堂、心兰书社、药局、百草园等组织，构成的期刊传播、医疗传播、教育传播、图书馆传播、药品销售传播和中草药种植传播六位一体、互为支撑的股份制经营模式与传播机制，在中国期刊演化史上具有里程碑意义。

光绪三十一年（1905 年）直隶高等农业学堂在保定创刊，即《北直农话报》，此刊物不仅是晚清学堂时代一朵璀璨的知识之花，更是高校科技期刊中的佼佼者，专注于农学教育的深耕与社会农业技术的广泛推广。其性质独特，功能多元，既作为农学教育的权威教科书，又扮演着连接学校与社会的桥梁角色，通过引入现代自然科学的先进方法，悉心培育民众的科学意识与素养。该刊传播内容深邃，旨在弘扬中华民族自信、自强的精神内核，激发民众追求进步的热烈情感，同时积极汲取国外先进的农业技术，以复兴中华农业为己任，展现了远大的抱负与理想。

归纳起来，晚清书院和学堂时代高校科技期刊的萌芽表现出下述五大特点。

第一，晚清时期高等教育科技期刊的发展历程表现出明显的阶段性特征，其演变路径可以概括为从西方人士代办到中西合作，最终过渡到中国本土独立办刊的模式。在此过程中，期刊的主办主体逐渐实现本土化，同时期刊内容也经历了从文理综合性向专业门类细分的深刻转变。这一转变不仅反映了西方科学知识的逐步引入与本土化吸收，也体现了中国知识分子在科学传播中自主性的增强。

第二，办刊主力的构成特点尤为显著，学生群体成为编辑与撰稿的中坚力量。诸如《约翰声》《利济学堂报》及《北直农话报》等具有代表性的期刊，均深刻体现了学生参与办刊的积极性和创造性，这些期刊成为学生展示学术成果、交流思想的重要平台。

第三，在传播创新方面，晚清高等教育科技期刊展现了多样化的探索。《约翰声》采用的文理综合与中英文合刊模式，拓宽了读者群体；《利济学堂报》尝试股份制运营，为期刊的持续发展提供了经济保障；《北直农话报》则以其独特的传播语言和系统，有效促进了科学知识的普及。这些创新举措共同推动了晚清高等教育科技期刊的传播力与影响力。

第四，晚清学堂期刊的功能不断拓展，从最初的课外辅助资料，逐渐发展成为重要的教育工具与学术交流媒介。它们不仅服务于教学科研，还积极参与社会教育，成为变革社会风气、促进知识普及的重要力量，实现了教育与社会的深度连接。

第五，晚清学堂期刊的兴起对新闻出版事业产生了深远影响。它们促使新闻出版事业在高等学府中生根发芽，逐步形成了研究机构、学术社团与高等学校共同构成的学术信息生产与出版体系，为后世学术传播与知识积累奠定了坚实基础。

二、民国时期文理综合性大学学报模式的发育成熟

1911 年爆发的辛亥革命，推翻了持续 200 余年的清朝政府，废除持续 2 000 余年的中国封建制度，随即对教育开始了一系列适应资产阶级需要的改革。到 1947 年全国高等学校共有 207 所。民国时期的高校科技期刊即诞生于这一时代背景之下。

《清华学报》作为民国时期连续出版时间最长的高校学术刊物，其历史地位尤为显著。自 1915 年创刊至 1948 年停刊，该刊物历经 30 余年风雨，共出版 90 余期，成为近万种期刊中的幸存者与长命者。在学术性与探索性方面，《清华学报》开创了高校学报之先河，它直接引入西方最新的科技学术成果，摒弃了通过日本转译的间接渠道，从而确保了学术的前沿性和纯粹性。此外，该学报还致力于国际化交流，不仅在美国设立经理部和接稿员，更与欧美多所大学期刊建立了广泛的交换关系，构筑起中西文化双向交流的坚实平台，堪称高校学术期刊国际化的成功典范。值得一提的是，《清华学报》还最早定义了高校学报的功能，并制定了我国第一份高校学报章程——《清华学报简章》。其编辑在期刊出版中的深入讨论，对于推动学术进步和文化交流具有重要意义。

在民国初期，蔡元培先生力倡之下，学术研究确立为大学的核心职能之一，与人才培养并重。在此背景下，学术期刊作为学术交流与成果展示

的关键平台,其重要性日益凸显,成为实现大学学术职能不可或缺的媒介。1919 年,《北京大学月刊》应运而生,不仅标志着大学学报建制的崭新篇章,更在建制层面树立了典范。该刊组建了由高层次学者构成的编委会,并确立了一套完整的制度与工作程序,确保了其学术质量与影响力。月刊迅速融入并成为学校不可或缺的有机建制,其传统被固定且传承至今。尤为重要的是,《北京大学月刊》推动了文理综合性大学学报走向成熟,形成了"文理融通"的理论高度与实践范例。在当时的历史背景下,该刊文理并存于一刊的编辑方针被视为一种合理且前瞻的模式,被 20 世纪二三十年代的众多大学广泛借鉴与沿用,对我国学术期刊的发展产生了深远影响。

在抗日战争期间,由北京大学、清华大学、南开大学共同组建的西南联合大学,以及由北平大学、北平师范大学、北洋工学院和北平研究院联合形成的西北联合大学,构成了我国战时规模最大的两个大学联盟。这一时期,高校科技期刊以西南联合大学和西北联合大学的出版物为代表,形成了重庆、成都、昆明、长沙、西安、汉中等高等教育和学术期刊出版的多个中心。日本侵略者采取极端残暴的手段,对我国文化教育体系进行了肆意破坏,企图通过实施"灭国必先灭其文化"的策略,从精神上摧毁中华民族。据历史资料记载,1938 年 8 月,我国有高达 91 所高等学校遭受了敌人的严重破坏,损失极为惨重。即便在如此恶劣的条件下,以李公朴、闻一多、朱自清等为代表的西南联合大学师生,依然展现了非凡的坚韧和毅力。他们将破旧的庙宇改造为教室,居住在简陋的草顶泥墙宿舍中,为了生计,甚至不惜从事家教工作以换取晚餐,或出售个人衣物以换取食物。尽管如此,他们仍然坚守在科研和教学的最前线,为中华民族的文化传承和学术发展作出了不可磨灭的贡献。

在理科领域,华罗庚、江泽涵、陈省身、周培源等学者均有学术论文发表。1941 年出版的《清华学报》《科学报告》《工程季刊》集中展示了这一时期的科研成果。清华大学在战前曾创办超过 50 种期刊，而到了抗战时期，仅存 8 种；南开大学从 1916 年至战前共主办了 23 种期刊，至 1937 年抗战爆发时，仅剩 2 种。在这一时期，西南联合大学及其所属学校复刊或创刊了 30 种期刊。其出版和印刷条件极为简陋，《清华昆虫学会通讯》甚至采用蜡版印刷，使用的纸张多为黄麻纸，字迹模糊，难以翻阅。这充分说明，学术期刊的稳定发展依赖于学术机构的支持，需要有稳定的编辑团队、作者群体和读者群体，同时也需要依托于具备基本出版条件的城市环境。

在抗日战争期间，由于日本侵略者的广泛侵略，我国高校的学术期刊出版事业遭受了空前的打击。为了躲避战火并保持学术活动的连续性，许多高校期刊出版中心被迫从繁华城市迁移到相对安全的农村地区，例如，从北平迁至长沙，从长沙迁至昆明，或从北平迁至西安，再从西安迁至汉中，最终至兰州的长距离迁移。尽管这一迁移过程带来了资源分散、出版困难等显著的负面影响，但也在客观上极大地促进了科技学术的跨地域传播，加强了大学与不同区域文化的深入融合，在中国高等教育和学术传播史上留下了深刻的印记，具有深远的历史意义。

三、共和国时期高校科技期刊系统的形成

（一）新、旧时代的过渡与演替期（1949 年以前）

在中华人民共和国成立的特殊历史节点，鉴于全国各地区解放进程的显著差异性，以及高等院校期刊固有的连续性特征，催生了具有时代特色的"共和国成立前夕期刊"群体。这些期刊不仅记载了时代的演进，也映射了高等教育机构在政权交替过程中的适应与变革。在这些期刊中，《西大医刊》作为典型代表，于 1949 年 9 月在古都西安由西北大学医学院创刊，成为该时期学术交流与文化互动的重要媒介。与此同时，由兰州国立

兽医学院出版的《国立兽医学院校刊》,自 1949 年 1 月起持续发行至 10 月 1 日,其内容具有显著的研究价值。该期刊不仅承继了民国时期旧资产阶级革命的思想印记,而且开始融入新中国新民主主义革命的新理念,成为研究该社会重大变革时期思想发展与文化融合不可或缺的重要文献。

(二)草创和起步期(1949—1966)

1949 年 10 月 1 日,中华人民共和国的成立标志着中国历史上一个重大转折点的到来。这一事件不仅宣告了新政权的诞生,也预示着文化事业,包括高校科技期刊在内,即将步入一个新的发展阶段。在随后的几年,即 1950 年至 1952 年,中国高等教育体系逐步恢复并实现了初步的发展。高校科技期刊,作为学术研究与交流的关键平台,亦在此期间经历了相应的恢复与创新。特别值得注意的是,1950 年 3 月,《哈农学报》的创刊,不仅填补了新中国成立初期高校科技期刊的空白,更以其独特的学术视角和研究成果,成为该时期的标志性刊物,引领了高校科技期刊的发展趋势。1951 年 5 月,《东北师大学报(自然科学)》在长春创刊,其鲜明的地域特色深入反映了东北地区高等教育与科研的实际情况,并吸收了多国学术思想的影响,展现了广阔的国际视野。《厦门大学学报》的复刊,则依托其在海洋生物学科上的独特优势,开创了综合性自然科学学报特色化办刊的新模式,为同类期刊提供了宝贵的参考。在这一时期,王亚南教授在厦门大学提出的"教学与学报为两大重点"的理念,对当时高校对学术期刊价值的认识产生了深远的影响,有力地推动了高校期刊地位的确立与提升,为高校科技期刊的后续发展奠定了坚实的思想基础。

(三)停滞和缓慢恢复期(1966—1976)

动荡与停滞(1966—1971):该时期对文化事业的发展构成了严峻挑

战，形成了长达十年的艰难时期。高等教育领域亦未能幸免，高校科技期刊作为学术研究与知识传播的重要媒介，遭遇了前所未有的重大挑战。众多刊物因时局影响而被迫暂停出版，或不得不调整其内容以适应当时的社会环境，其中，《清华学报》（创刊于 1915 年）与《北京大学学报》（创刊于 1955 年）这两份具有重要学术影响力的刊物也相继停刊，给学术界带来巨大损失。

科研复苏的曙光（1972）：1972 年 7 月，周恩来同志对北京大学提出要加强理论研究和基础教学的殷切期望，学术界开始嗅到了一丝复苏的气息。特别是《北京大学学报》的编委周培源教授，他发表文章《对综合大学理科教育革命的一些看法》积极呼吁并着手筹备学报的复刊工作，为学术研究的恢复奠定了基础。

学报重生的春天（1973—1976）：1973 年 4 月，随着高层领导人对文化事业重视程度的提升，指示部分重要刊物应逐步恢复出版，并向公众开放。在此背景下，《北京大学学报（自然科学版）》率先以试刊的形式复刊，标志着学术春天的到来。随后，《清华大学学报》也紧跟步伐，成功复刊，这两大学报的相继复刊，不仅为学术界注入了新的活力，也预示着中国科研事业在经历长期停滞后开始步入复苏的新阶段。

（四）规模扩张和跨越式发展期（1977—1999）

改革开放为高校科技期刊的规模扩张和跨越式发展创造了从未有过的良好环境。中国知网统计结果显示，1977—1999 年，中国高校新创办 843 种科技期刊，占高校科技期刊总数（1 276 种）的 66.1%[①]。可见，高校科技期刊主要在改革开放以后形成规模。

---

① 姚远，谭秀荣，亢小玉，等. 中国高校科技期刊百年史回顾与前瞻［J］. 编辑学报，2014，26（02）：119.

1. 改革开放起步期（1977—1986）

这一时期，我国高校科技期刊的数量呈现出逐步扩张的态势，这一发展轨迹不仅映射了我国高等教育与科研活动的蓬勃兴起，也见证了学术传播体系的日益完善。其中，《清华大学学报（自然科学版）》作为月刊形式的代表性期刊，尤为引人注目。自1985年起，该期刊开创性地形成了三大类别准专辑化的出版模式，具体包括电机与信息科学领域（涵盖计算机科学、自动控制等多个分支）、机械工程领域（融合精密仪器、热能工程、力学、航空航天技术等）以及理学、核能、土木工程、水利工程、环境科学等"小综合"领域。这种准专业化的创新路径，不仅契合了全球综合性自然科学期刊向专辑化发展的国际趋势，而且深刻体现了我国高校综合性科技学术期刊在时代变迁中积极求变、与时俱进的发展理念与变革实践。

2. 改革开放发展初期（1987—1999）

1987—1999年，新创办的高校科技期刊有345种，其中1987年、1988年、1994年均有40种以上，1997年最少，有7种。这表明高校科技期刊在改革开放初期的规模扩张开始放缓，也说明科技期刊规模已经大致适应了当时高校科技事业发展的需要。

（五）跨越发展与精品期刊的引领期（2000至今）

1. 网络传播成为千禧年的显著标志

在千禧年期间，相较于传统纸质媒体，网络媒体的传播速度显著加快，成为高校科技期刊发展的一个显著时代特征。中国知网（中国知识基础设施工程）作为关键的学术资源平台，其影响力不断攀升。截至2023年底，中国知网的用户已覆盖全球众多国家和地区，年访问量突破数百亿人次，年资源下载量达到数十亿篇次。这些数据揭示了网络媒体在高校科技期刊领域的深远影响。以《西北大学学报（自然科学版）》中"自动化技术与计算机科学"类论文为例，其近年来的传播量和下载频次均实现了显著增长，进一步印证了网络媒体传播的高效性。这一现象标志着高校科技期刊传播史上的一次革命性跨越，它不仅转变了阅读习惯，也触发了期刊编辑出版模式的深刻变革。

2. 高校科技期刊精品与特色的引领

自 2006 年起，教育部科技司与中国高校科技期刊研究会持续致力于推动高校精品与特色科技期刊的建设工作，此举对于提升高校科技期刊整体水平发挥了至关重要的作用。近年来，经过多轮评选，已成功推出一系列中英文版的精品科技期刊。这些期刊主要分布在"211"和"985"等高水平院校，且多数位于北京、江苏、上海、湖北、陕西等科研重镇。其中，众多期刊在学术质量、被引频次、影响因子、他引总引比、基金论文比、h 指数、web 即年下载率等关键指标上表现出色，充分彰显了高校科技期刊在学科建设、学术文化传承、人才培养等方面的重要作用。这些精品期刊凭借其卓越的学术质量和鲜明的特色，引领了新世纪期刊发展的新趋势。它们不仅注重内涵建设，更强调学术精品的打造和特色的凸显，为高校科技期刊的持续发展树立了标杆。同时，这些期刊与高校学科建设、学术文化传承、人才培养的高度契合，也进一步证明了高校科技期刊在推动科技进步和人才培养方面的重要地位。

综上所述，高校科技期刊的发展历程，从传教士主导的办刊模式到国人个体、高等学校集体自主办刊，从以学生为主办刊到以教师为主和以学校名义办刊，刊物类型从文理综合性期刊到分化为哲学社会科学版和自然科学版，再分化为按学科分册和分化为专业性期刊，这些分化和进化均与高等教育的功能进化紧密相联。

　　高校科技期刊在高等教育体系中承载着不可或缺的使命与责任，其重要性体现在多个维度。作为青年教师与研究生培育的摇篮，高校科技期刊为他们提供了宝贵的学术交流平台，助力其学术成长与创新能力提升。同时，期刊也是学科建设的重要推手，通过发表高质量研究成果，推动学科前沿发展，增强学科竞争力。此外，高校科技期刊还肩负着科技创新传播的重任，加速科技成果的转化与应用。作为师生精神家园和知识思想生产链条的重要终端，高校科技期刊已深度融入中国特色高等教育制度，成为其不可或缺的组成部分。展望未来，高校科技期刊将实现从规模发展向内涵发展的转型，更加注重学科建设、兴学育人、文化传承等核心功能的发挥。在此过程中，网络传播能力的提升、信息化管理的完善以及国际化水平的拓展，将成为高校科技期刊在未来竞争中取胜的关键所在。

第三节　高校科技期刊的学术影响

　　学术影响，作为衡量学术期刊在科研领域中作用范围与深入程度的关键指标，全面反映了该期刊的学术价值、社会贡献及综合效益。在新时代背景下，我国科技期刊发展的核心目标在于构建与专业领域高度契合、具备全球广泛影响力的顶尖科技期刊体系。为此，应积极行动，致力于促进中文科技成果优先在本土高端平台上发表，以此作为重要驱动力，推动全球范围内中文科研工作的整体进步与繁荣。

一、高校科技期刊学术影响的体现

　　高校科技期刊作为科研成果传播与交流的重要载体，其学术影响力是衡量期刊质量、科研水平及学术贡献度的重要指标。

（一）学术影响的评价指标

学术期刊的评价指标是衡量期刊学术影响力的重要依据。其中，影响因子、特征因子以及其他评价指标（如 h 指数、g 指数等）是较为常用的评价指标。

1. 影响因子

影响因子是指期刊前两年发表的论文在第三年被引用的总次数与该期刊前两年发表论文总数的比值。影响因子越高，说明期刊的论文被引用的频次越高，期刊的学术影响力也越大。

影响因子的计算受到多种因素的影响，包括期刊的论文质量、发表周期、学科领域等。高校科技期刊应通过提高论文质量、优化发表流程、关注热点研究领域等方式，提升期刊的影响因子。同时，期刊还可以通过加强与国际知名学术期刊的合作与交流，提高期刊的国际影响力，从而吸引更多高质量的稿源和引用。

2. 特征因子

特征因子考虑了期刊论文的引用分布和引用质量，能够更全面地反映期刊的学术影响力。特征因子越高，说明期刊的论文在学术界的影响力越大，期刊的学术水平也越高。

与影响因子相比，特征因子更加注重论文的引用质量和学术贡献度。高校科技期刊应通过发表具有创新性、前瞻性和实用性的高质量论文，提升期刊的特征因子。同时，期刊还可以通过加强学术交流和合作，邀请知名学者撰稿和审稿，提高期刊的学术水平和影响力。

3. 其他评价指标

在学术界，期刊的影响力评估不仅限于影响因子和特征因子，还包括诸如 h 指数和 g 指数等多元化的评价指标。h 指数定义为学者或期刊发表的论文中，有 h 篇论文的被引用次数至少为 h 次。g 指数则在 h 指数的基础上进一步优化，更加重视高被引论文的贡献度。这些评价指标能够从多维度揭示期刊的学术影响力。高校科技期刊在进行自我评估时，应依据其独特的属性和定位，挑选恰当的评价指标以促进其学术影响力的提升。例如，对于那些重视论文质量与学术贡献的期刊，特征因子和 h 指数可作为其评估标准；而对于那些更关注论文引用频次和学术影响力的期刊，则可选择影响因子和 g 指数作为衡量工具。

（二）学术交流的平台作用

通过举办学术会议与研讨会、促进学者间的交流与合作，高校科技期刊能够进一步提升其学术影响力。

1. 学术会议与研讨会

高校科技期刊可以通过举办学术会议与研讨会，为学者们提供一个面对面交流的平台。学术会议与研讨会能够汇聚来自不同国家和地区的学者，共同探讨某一研究领域的最新进展和未来趋势。高校科技期刊可以利用这一平台，邀请知名学者做主题报告、组织专题讨论会等，吸引更多学者关注和参与。

2. 学者间的交流与合作

学者间的交流与合作是推动科学研究进步的重要动力，能够促进不同学术观点和思想的碰撞与融合。高校科技期刊可以通过建立学者网络、组织合作研究项目、推动跨学科合作等方式，为学者们提供更多的合作机会。

学者间的交流与合作不仅能够提升期刊的学术水平,还能够扩大期刊的学术影响力。通过合作研究,学者们可以共同解决复杂的科学问题,推动研究领域的深入发展。同时,合作研究也能够增加期刊论文的引用频次和影响力,因为合作研究通常能够吸引更多学者的关注和引用。

高校科技期刊应积极推动学者间的交流与合作,为学者们提供更多的合作机会和资源。例如,期刊可以建立在线学者社区,为学者们提供一个交流学术观点和经验的平台;还可以组织合作研究项目,邀请不同领域的学者共同参与,推动跨学科的合作与交流。通过这些举措,高校科技期刊能够进一步提升其学术影响力,为学科的发展做出更大的贡献。

二、高校科技期刊对学科发展的推动

高校科技期刊作为科研成果的发布平台与学术交流的重要载体,在推动学科发展中发挥着举足轻重的作用。

(一)引领与探索学科前沿

高校科技期刊在学科前沿的引领与探索方面,扮演着至关重要的角色。通过发表最新研究成果和追踪学科热点与难点,科技期刊为科研人员提供了了解学科发展动态、把握研究方向的重要窗口。

1. 发表最新研究成果

高校科技期刊致力于发表具有创新性、前瞻性和实用性的最新研究成果。这些成果通常代表了某一研究领域的最新进展和突破,对于推动学科发展具有重要意义。期刊通过严格的同行评审机制,筛选出高质量的研究论文,确保发表的成果能够反映学科前沿的最新动态。

最新研究成果的发表,不仅能够为科研人员提供新的研究思路和方法,还能够激发更多学者对前沿问题的关注和探讨。这些成果的传播和应用,进一步推动了相关研究领域的发展,形成了良性循环。高校科技期刊通过持续发表最新研究成果,不断引领学科前沿,为学科进步注入了新的活力。

2. 追踪学科热点与难点

高校科技期刊还密切关注学科热点与难点问题,及时发表相关研究成果和综述文章。学科热点通常是某一时期内学术界普遍关注的研究领域或问题,而学科难点则是长期困扰学术界的问题或挑战。期刊通过追踪这些热点和难点,为科研人员提供了了解学科发展趋势、把握研究重点的重要参考。

追踪学科热点与难点的过程,也是推动学科发展的过程。期刊通过发表相关研究成果和综述文章,引导科研人员关注重要问题,激发研究兴趣,推动相关领域的研究进展。同时,期刊还可以通过组织专题讨论、邀请专家撰稿等方式,深入探讨学科热点与难点问题,为学科发展提供更多的思路和方法。

(二)促进学科交叉与融合

高校科技期刊在促进学科交叉与融合方面,也发挥着重要作用。通过跨学科论文的发表和促进不同学科间的交流与合作,期刊为学科交叉与融合提供了平台和桥梁。

1. 鼓励跨学科论文的发表

高校科技期刊积极鼓励跨学科论文的发表。跨学科论文通常是指涉及两个或多个学科领域的研究成果,这些成果往往能够带来新的研究视角和方法,推动学科交叉与融合。期刊通过发表跨学科论文,为科研人员提供了了解不同学科领域研究成果的机会,促进了学科之间的交流与借鉴。

跨学科论文的发表，不仅能够推动学科交叉与融合，还能够产生新的研究思路和方向。不同学科领域的碰撞与融合，往往能够激发出新的灵感和创意，推动科学研究向更深层次发展。高校科技期刊通过发表跨学科论文，为学科交叉与融合提供了重要的支撑和推动。

2. 促进不同学科间的交流与合作

高校科技期刊还通过组织学术会议、研讨会等活动，促进不同学科间的交流与合作。这些活动为科研人员提供了面对面交流的机会，促进了不同学科领域之间的沟通与理解。通过交流与合作，科研人员可以共同探讨研究问题，分享研究经验和成果，推动学科交叉与融合向更深层次发展。

期刊还可以通过建立跨学科的研究团队和合作项目，促进不同学科之间的深度合作。这些团队和项目能够汇聚不同学科领域的专家和资源，共同攻克研究难题，推动学科交叉与融合取得更大的突破。高校科技期刊通过促进不同学科间的交流与合作，为学科交叉与融合提供了更广阔的空间和机会。

（三）参与学科评估与排名

高校科技期刊在学科评估与排名中也扮演着重要的角色。通过参与学科评估、提供评价数据以及影响学科排名等方式，对学科发展产生了深远的影响。

1. 学科评估

学科评估乃是对特定学科领域研究水平、学术声誉及影响力等进行的综合评价。高等院校科技期刊作为科研成果展示的平台，其刊载的论文品质与数量常被视为学科评估的关键指标之一。期刊通过发表高品质论文、吸引杰出学者投稿等手段，提升了自身的学术声誉与影响力，从而在学科评估中获得了更优的评价。

期刊亦可借助参与学科评估的流程，为学科发展提供积极的反馈与建议。期刊可邀请相关领域的专家对论文进行评审与审议，提出改进建议和意见，协助科研工作者提升研究水准与论文品质。这些反馈与建议对于促进学科发展、增进研究品质具有至关重要的意义。

2. 学科排名

期刊影响力是衡量期刊学术声誉和影响力的重要指标之一，通常通过影响因子、引用频次等指标来衡量。高校科技期刊的影响力与其在学科排名中的地位密切相关。一般来说，影响力较高的期刊在学科排名中往往能够获得更高的评价，进而吸引更多优秀学者投稿和引用。

期刊影响力的提升，不仅能够提高期刊在学科排名中的地位，还能够为学科发展带来更多的资源和机会。影响力较高的期刊更容易获得科研基金的资助和支持，进而推动相关研究领域的发展。同时，这些期刊还能够吸引更多优秀学者和研究成果的汇聚，形成良性循环，进一步推动学科的发展。

三、提升高校科技期刊学术影响的策略

提升高校科技期刊的学术影响力，不仅能够吸引更多优秀学者和研究成果的汇聚，还能够推动学科的发展和进步。

（一）提高论文质量

论文质量是高校科技期刊学术影响力的核心。只有发表高质量、有创新性的论文，才能够吸引更多读者的关注和引用，进而提升期刊的学术影响力。

1. 建立严格的审稿制度

高校科技期刊应建立完善的审稿流程，明确审稿标准和要求，确保每一篇论文都经过严格的同行评审。在审稿过程中，期刊应邀请具有学术声誉和经验的专家担任审稿人，对论文的学术价值、创新性、方法论等方面进行全面评估。

同时，期刊还应建立健全的审稿反馈机制，及时将审稿意见反馈给作者，帮助作者完善论文质量。对于审稿过程中发现的问题和不足，期刊应要求作者进行修改和完善，直至达到发表要求。通过严格的审稿制度，期刊能够筛选出高质量、有创新性的论文，提升期刊的学术水平和影响力。

2. 吸引高水平作者投稿

高校科技期刊应主动邀请在各自研究领域享有学术声誉及影响力的专家进行稿件投递，特别是那些能够产出高质量、创新性研究成果的学者。为了吸引高水平作者的稿件，期刊可采取以下策略。

（1）提升期刊的知名度与学术影响力。期刊应通过加强宣传和推广活动，提高其在学术界的知名度与影响力，以吸引更多学者的关注和稿件投递。

（2）提供卓越的编辑与出版服务。期刊应为作者提供卓越的编辑与出版服务，涵盖论文的修改、校对、排版等环节，确保论文的质量与可读性。

（3）构建高效的论文发表流程。期刊应建立高效的论文发表流程，缩短论文发表周期，以满足作者及时发表论文的需求。

（4）设立优秀论文奖励机制。期刊可设立优秀论文奖励机制，对发表的高质量、创新性论文给予奖励，以激励更多学者的投稿热情。

通过吸引高水平作者的稿件，期刊能够发表更多高质量、创新性的论文，从而提升期刊的学术影响力和市场竞争力。

（二）加强期刊宣传与推广

通过有效的宣传和推广，期刊能够吸引更多读者的关注和引用，扩大期刊的影响力和传播范围。

1. 采用数字化出版与开放获取

高校科技期刊应当积极拥抱数字化出版技术，充分利用这些先进的手段将期刊内容转化为电子形式，并发布在网络上。这样一来，读者们便可以随时随地通过各种电子设备方便地阅读和引用这些期刊内容。此外，高校科技期刊还应当积极推行开放获取政策，允许读者在无须支付任何费用的情况下自由获取期刊内容，从而显著提高期刊的可获取性和传播范围。

采用数字化出版和开放获取的策略，不仅可以显著提升期刊的可读性和传播范围，还能为期刊带来更多的引用和关注。通过这种方式，期刊能够吸引更多的读者，从而增加引用频次，提升期刊的影响力指标。与此同时，数字化出版还能有效降低期刊的印刷和发行成本，从而提高期刊的经济效益。这种模式不仅有利于期刊的可持续发展，还能为学术交流和知识传播提供更为广阔的空间。

2. 运用社交媒体与学术网络

为了提升高校科技期刊的知名度和影响力，期刊编辑部应当采取积极措施，充分利用社交媒体和学术网络平台，加强与读者和作者之间的互动与交流。

（1）建立并完善期刊官方网站和社交媒体账号。高校科技期刊应当创建一个内容丰富、功能完善的官方网站，以展示期刊的最新动态、论文信息、投稿指南以及编辑团队介绍等。此外，期刊还应在各大社交媒体平台上设立官方账号，如微博、微信公众号、Twitter、Facebook 等，以便及时发布期刊的最新消息和研究成果。通过这些平台，读者可以方便地获取期刊信息，并与期刊编辑部保持紧密联系。

（2）积极参与各类学术网络和社区活动。高校科技期刊应主动融入学术网络和社区，与相关领域的学者、研究机构以及学术组织建立广泛的联系和合作。通过参加学术会议、研讨会、工作坊等活动，期刊可以扩大其影响力，吸引更多学者的关注和投稿。此外，期刊还可以与学术数据库和检索系统合作，提高其论文的可检索性和引用率。

（3）定期组织线上和线下的学术交流活动。为了促进学术交流和知识传播，高校科技期刊可以定期举办各类学术活动，如线上研讨会、网络直播讲座、线下学术会议和专题讨论会等。这些活动不仅为学者们提供了展示研究成果和交流学术观点的机会，还能够帮助期刊编辑部了解学术前沿动态，进一步提升期刊的学术质量和影响力。通过这些活动，期刊可以为学者们提供更多的学术资源和支持，从而增强其在学术界的竞争力和吸引力。

通过社交媒体与学术网络的运用，期刊能够与读者和作者建立更加紧密的联系和互动，提高期刊的知名度和影响力。同时，这些平台还能够为期刊带来更多的流量和引用，提升期刊的学术影响力。

（三）拓展国际合作与交流

通过与国际知名学术期刊和研究机构的合作与交流，期刊能够引进更多国际优秀学者和研究成果，提升期刊的国际化水平和学术影响力。

1. 发表国际合作论文

高校科技期刊应当积极主动地邀请国际上享有盛誉的学者以及著名的研究机构参与到论文的撰写和发表过程中，从而引进更多具有国际水准的优秀研究成果。与此同时，期刊还应当大力倡导和鼓励国内的学者们与国际上的学者们展开合作研究，共同撰写并发表那些高质量且具有创新性的学术论文。

通过发表国际合作论文，不仅可以显著提升期刊的国际化水平和学术影响力，还能为国内学者们提供更多的国际合作和学术交流的机会。这些机会有助于促进国内学者们学术水平和研究能力的显著提升。此外，国际合作论文的发表还能吸引更多的国际读者的关注和引用，从而进一步提高期刊的国际知名度和影响力。

这些国际合作论文不仅能够为国内外学者们提供更多的学术交流和合作的机会，还能推动相关学科的发展和进步。通过这种国际合作，学术界可以实现知识和资源的共享，促进不同文化背景下的学术思想的碰撞和融合，从而推动整个学科领域的创新和发展。最终，这种国际合作的模式将有助于构建一个更加开放和包容的学术环境，为全球科学事业的进步作出贡献。

2. 参与国际学术期刊联盟与组织

国际学术期刊联盟与组织能够为期刊提供更多的国际合作和交流机会，帮助期刊了解国际学术期刊的最新发展动态和标准要求，提升期刊的国际化水平和学术影响力。

高校科技期刊应积极加入相关的国际学术期刊联盟与组织，参与其组织的学术会议、研讨会等活动，与国际知名学术期刊和研究机构建立联系和合作。通过参与这些活动，期刊能够了解国际学术期刊的最新发展动态和标准要求，学习借鉴其先进的办刊经验和理念，提升自身的办刊水平和学术影响力。

同时，期刊还可以通过参与国际学术期刊联盟与组织的评估和认证工作，提高自身的学术声誉和影响力。一些国际知名的学术期刊联盟与组织会定期对成员期刊进行评估和认证，对期刊的学术水平、编辑质量、出版服务等方面进行全面评估。高校科技期刊可以积极参与这些评估和认证工作，展示自身的学术实力和办刊水平，提高自身的学术声誉和影响力。

第四节　高校科技期刊的编辑队伍

在科技迅猛发展的当下，高校科技期刊作为科研成果传播与学术交流的关键媒介，其品质与影响力对于科技创新的推进及学术生态的繁荣具有直接的影响。这一过程的实现，依赖于一支具备高素质和专业能力的编辑团队。该团队不仅承担着科研论文筛选与编辑加工的职责，而且在维护学术规范和促进创新思维方面发挥着至关重要的作用。因此，提升高等教育机构期刊的办刊水平，必须依托于一支卓越的编辑队伍。

一、高校科技期刊编辑应具备的职业素养

编辑素养的高低直接影响编辑队伍的质量，高水平的编辑队伍是期刊办刊水平的重要保障，从本质上看，高校期刊编辑的职业素养要求就是培养复合型编辑人才。

（一）坚定的政治素养

坚定的政治素养是高校科技期刊编辑不可或缺的基本品质。在当前的政治环境下，编辑人员需具备高度的政治敏锐，能够准确把握国家政策导向与科研发展方向，确保期刊内容符合国家利益与科研伦理要求。

编辑团队应持续关注国家科技政策的最新动态，并深入解析政策的深层含义，以便在选题策划、稿件筛选等环节中，有效识别并优先发表与国家政策导向相契合的科研成果。

在审稿过程中，编辑需对稿件中的政治立场进行严格审查，防止发

表违反国家法律法规、损害国家利益的言论，确保期刊内容的政治合规性。

通过精心策划专题、组织高质量论文，编辑人员应积极引导科研人员关注国家重大科技需求，推动科研与国家发展的深度整合。

（二）完善的知识结构

高校科技期刊的编辑人才本质上是多面手，必须具备多元化的知识储备。编辑工作所需的核心知识包括：编辑人员必须精通编辑出版的整个流程、规则和标准，涵盖从稿件接收、初步审查、再次审查、最终审查、编辑处理到校对等各个阶段，以保证期刊的规范性和标准化。专业编辑技能知识方面，编辑人员除了掌握基础的编辑技能，例如文字编辑和排版设计外，还应具备对科研论文进行专业评估的技能，这包括对论文的创新点、科学价值和实用性等方面的判断，确保期刊的学术质量。此外，编辑人员应具备所负责学科领域的基础科研知识，了解该领域的核心概念、研究动态和发展趋势，以便在选题策划和稿件筛选时作出更准确的决策。在新时代背景下，编辑人员还需不断学习新的技术与知识，比如数字化出版、开放获取和数据共享等，以适应期刊出版领域的变革。坚实的文化知识基础对于编辑人员来说同样重要，它有助于他们更深入地理解科研论文中的文化背景和跨学科联系，从而提升期刊内容的深度和广度，并且良好的文化素养也是编辑人员与作者、读者有效沟通的基石。

（三）良好的社交素养

编辑不仅需与多样化的沟通对象建立良好的交流渠道，包括作者、读者、审稿专家以及同行编辑，还需根据不同对象的需求采取差异化的沟通策略。与作者的沟通聚焦于约稿及稿件的精细修改，旨在通过深入合作提升出版物的整体质量。与读者的互动则侧重于需求调研与市场动态的把握，及时采纳反馈意见并有效解决阅读中的问题，以增强读者满意度。同时，与审稿专家的沟通强调对审稿进度与反馈意见的精准掌握，以此促进审稿效率的提升。此外，与同行编辑的交流有助于拓宽专业视野，实现自我能力的提升与不足的发现。在这一过程中，编辑的社交素养显得尤为重要，它不仅关乎无障碍沟通的实现，更是树立期刊良好形象、积累广泛人脉资源的关键，为稿件的丰富来源与业务的不断拓展奠定坚实基础。

（四）精准的判断力和信息捕捉能力

在信息时代，科技期刊编辑面对海量的学术信息与研究成果，如何从中筛选出具有创新性、前瞻性和实用性的论文，是对其判断力和信息捕捉能力的重大考验。精准的判断力要求编辑人员能够迅速识别论文的学术价值，包括其研究方法的科学性、数据的可靠性、结论的创新性等。这要求编辑不仅具备深厚的学术功底，还需对所在学科领域有深入的了解和敏锐的洞察力。

信息捕捉能力则强调编辑对学术动态和科研趋势的敏感性。编辑应密切关注国内外相关学科的最新研究进展，通过参加学术会议、阅读专业文献、与学者交流等多种途径，及时捕捉学科前沿信息。这种能力有助于编辑在选题策划时，能够准确把握研究方向，引导作者投稿，从而提升期刊的学术水平和影响力。

（五）与时俱进的学习能力

随着科技的飞速发展和学术研究的不断深入，高校科技期刊编辑所面对的学术领域日益广泛，知识更新速度日益加快。因此，具备与时俱进的学习能力，对于编辑人员来说至关重要。这不仅有助于编辑跟上学术前沿，还能提升期刊的学术质量和影响力。

与时俱进的学习能力体现在编辑对新知识、新技术、新方法的快速掌握和应用上。在科技领域,新的研究方法和技术层出不穷,编辑需要不断学习,以理解这些新方法的应用场景和优势,从而更好地评估相关论文的学术价值。此外,编辑还应关注学科交叉融合的趋势,学习其他学科的知识,以拓宽视野,增强跨学科论文的审稿能力。

学习能力还体现在编辑对期刊出版新技术、新标准的掌握上。随着数字化出版和开放获取等新型出版模式的兴起,编辑需要不断学习新的出版技术和标准,以适应期刊出版的新要求。这包括了解数字出版流程、掌握数字编辑工具、熟悉开放获取政策等。通过这些学习,编辑可以提高工作效率,提升期刊的出版质量和传播效果。

(六)持续的创新能力

在知识爆炸式增长和科技日新月异的今天,持续的创新能力已成为高校科技期刊编辑不可或缺的核心素养。创新能力不仅关乎期刊内容的新颖性与前瞻性,更是推动期刊在激烈竞争中脱颖而出的关键。

第一,内容创新。编辑应具备敏锐的学术洞察力,能够捕捉学科前沿动态,策划具有引领性的专题报道和深度综述,为读者提供有价值的学术资讯。这要求编辑不断学习新知识,拓宽视野,与科研人员保持紧密联系,及时了解并响应研究热点与趋势。

第二,形式创新。随着数字化出版技术的发展,期刊的传播形式日趋多样化。编辑需积极探索新媒体融合路径,如利用视频摘要、交互式图表、在线研讨会等形式,丰富期刊内容的表现形式,提升阅读体验,扩大期刊的受众范围和影响力。

第三,机制创新。在编辑流程、同行评审、开放获取等方面,编辑应勇于尝试新的管理模式和运作机制,以提高工作效率,保障学术诚信,促进知识共享。例如,引入智能化编辑工具,优化稿件处理流程,或建立更加开放透明的同行评审体系,吸引更多高质量稿件。

（七）熟练的英文运用能力

随着全球化进程的加速，英文作为国际通用语言的地位日益凸显，对于高校科技期刊编辑而言，熟练的英文能力不仅是基本要求，更是提升期刊国际影响力的关键。

编辑需具备扎实的英文语法基础和丰富的词汇量，能够准确理解并编辑英文稿件，确保语言表达的地道性和准确性。此外，还需掌握科技英语的特点，包括专业术语的准确使用、句式结构的逻辑清晰等，以提升文章的可读性和专业性。在处理国际稿件时，编辑需具备跨文化交流的敏感性，理解并尊重不同文化背景下的学术表达习惯，避免因文化差异造成的误解或冲突。这要求编辑不断学习国际学术规范，提升跨文化沟通能力，促进国际学术交流的顺畅进行。除了基本的语言运用能力，编辑还需熟练掌握英文编辑与校对软件，如使用先进的文本编辑工具进行高效排版，或利用专业的校对软件检测语法错误和拼写问题，确保出版物的语言质量达到国际标准。

（八）一丝不苟的工匠精神

工匠精神强调对工作的精益求精、追求极致的态度，这与科技期刊编辑工作的要求高度契合。编辑人员需要对每一篇论文进行细致的审校和加工，以确保论文内容的准确性、逻辑性和可读性。

一丝不苟的工匠精神体现在编辑对论文内容的严谨审核上。编辑应仔细审查论文的数据、图表、公式等关键信息，确保其准确无误。同时，还应关注论文的逻辑结构、语言表述和格式规范等方面，提出修改建议，以提升论文的整体质量。这种严谨的态度有助于维护期刊的学术声誉和影响力。

工匠精神还要求编辑在期刊的编排设计上追求精致和美观。编辑应注重期刊的版面设计、排版规范、字体选择等细节，以提升期刊的视觉效果和阅读体验。此外，编辑还应关注期刊的出版周期和发行效率，确保期刊能够按时出版，及时传达学术信息。

（九）无私的奉献精神

奉献精神是任何职业都推崇的美德，而在高校科技期刊编辑这一角色中，其体现尤为特殊且深刻，主要展现在智慧与精力的无私奉献上。

编辑需投入大量时间和精力，对投稿进行细致入微的审阅与加工，确保学术内容的准确性和严谨性。这一过程不仅仅是文字上的修饰，更包括对学术观点的提炼、逻辑结构的优化，甚至是对研究方法的质疑与建议，这些都离不开编辑深厚的学术功底和无私的智慧投入。高校科技期刊编辑工作往往伴随着高强度的工作压力和不规则的工作时间，尤其是在面对紧急稿件或特刊筹备时。编辑需牺牲个人休息时间，加班加点，确保期刊按时出版，这种对职业的忠诚与热爱，是奉献精神最直接的体现。

二、高校科技期刊编辑队伍存在的问题

与校外普通期刊相比，由于办刊性质的限制，高校科技期刊编辑队伍往往存在一些自身独有的问题。

第一，编辑被动性增强。在众多高校中，普遍存在着一个令人尴尬的现象：即便本校拥有丰富的科研资源和师资力量，但教师们往往更倾向于将研究成果投向校外的核心期刊或是具有更高影响力的 C 刊，而非本校的期刊。这种倾向性导致高校科技期刊经常陷入稿源枯竭的困境，编辑们不得不被动地等待稿件的到来，而非主动策划和吸引高质量稿件，这无疑限制了期刊的发展潜力和学术影响力。

第二，编辑积极性不高。高校期刊的非营利性质成为制约编辑人员工作积极性的重要因素。由于缺乏足够的经济激励，编辑人员在主动约稿、积极追踪前沿科研成果以及创新特色组稿方面的动力明显不足。这种消极

态度不仅影响了期刊内容的更新速度和深度,也限制了期刊在学术界的活跃度和影响力。

第三,专职编辑人员不足。高校期刊编辑部在学校体制中的边缘化地位。由于重视程度不够,编辑部的工作条件和环境往往不尽如人意,编辑人员的薪酬待遇也相对较低。这种情况使得高校期刊难以吸引和留住高学历、高专业技能的人才,编辑队伍的整体素质因此受到影响。更为严重的是,许多编辑人员并未接受过专业的培训和认证,持证上岗的比例偏低,这进一步制约了期刊的专业性和权威性。许多青年编辑并非科班出身,缺乏系统的编辑出版知识和实践经验。他们对于期刊行业标准、编辑出版相关法律法规以及编辑校对知识了解不多,难以胜任复杂的编辑工作。在实际操作中,这些编辑人员往往需要花费大量的时间和精力来学习和摸索,这不仅影响了期刊的出版效率,也降低了期刊的专业性和权威性。因此,如何培养和引进专业型编辑,成为高校科技期刊亟待解决的重要问题。

第四,编辑领导贯通性不强。高校普遍实行的领导轮岗制,虽在一定程度上有助于提升管理人员的综合素质和全局视野,却也给高校期刊的办刊工作带来了不小的挑战。在高校期刊这一特定领域,负责人往往需要花费数年的时间来深入了解期刊的定位、特色、读者群体以及行业发展趋势,从而制定出符合期刊长远发展的战略规划。然而,领导轮岗制的实施,意味着这些经过苦心经营、对期刊有着深刻理解和独特见解的负责人,在刚刚将期刊带入正轨、初见成效之时,就可能被轮岗到其他岗位。这种频繁的人事变动,无疑会对高校期刊办刊政策的连续性构成威胁,使得一些长期规划难以得到持续有效的执行。同时,新上任的负责人需要时间来熟悉期刊的运作模式和行业环境,这期间的过渡期往往伴随着管理机能的暂时减弱和人员沟通的障碍,进而影响到期刊的整体运营效率和质量。

第五,编辑主动学习意识不足。随着网络化出版的兴起,传统出版行业正面临着前所未有的变革。然而，高校期刊的编辑人员在这一浪潮中却显得有些力不从心。长期以来，他们习惯于依赖传统的办刊模式，对数字化出版、新媒体传播等新技术缺乏深入的了解和探索。这种保守的心态不仅限制了期刊的创新发展，也使其难以适应快速变化的读者需求和市场环境。在新技术的冲击下，高校期刊面临着内容传播渠道狭窄、互动性不足、影响力下降等问题。而编辑人员对于新技术的学习和掌握不足，更是加剧了这一困境。他们缺乏主动学习和持续更新知识的热情，导致期刊在数字化转型的道路上步履维艰。

第六，编辑人员的继续教育培训机制不健全。这一问题也严重制约了高校期刊的发展。当前，高校期刊人员的技能培训大多围绕国家广播电视总局的要求进行，即每年必须完成 72 学时的培训时长。然而，这种培训往往侧重于理论知识的灌输和法规政策的解读，缺乏针对性和实用性。而且，由于培训内容和形式的单一，编辑人员的学习积极性和参与度并不高。此外，学校层面也缺乏相应的培训机制来补充和完善这一不足。这使得编辑人员在面对新情况、新问题时，往往缺乏有效的解决策略和方法，影响了期刊的办刊质量和水平。

三、高校科技期刊编辑队伍素养的提升策略

编辑人才的培养是一项系统性、长期性的工程，需要多方面的协同合作。为提升编辑素养，应当提供广阔的发展平台、建立健全的培育制度，并充分激发编辑的主观能动性。

（一）以"导师制"培养编辑素养

"导师制"作为一种创新而高效的编辑人才培养模式，在传媒与出版领域展现出了独特的价值与魅力。其核心在于，通过资深编辑对新入职编辑进行全方位、深层次的指导，不仅涵盖了编辑专业知识的传承，更着重

于提升青年编辑对于行业规范、工匠精神及职业道德的深刻理解和实践能力。该模式的成功实施，关键在于导师的遴选过程，要求导师不仅具备扎实的专业技能和卓越的职业素养，还应拥有出色的教学能力和高尚的品德，同时需对培养后辈充满热情。

"导师制"绝非简单的"师傅带徒弟"的传统模式，而是倡导一种教学相长、互为促进的良好氛围。这种良性的互动不仅为青年编辑的快速成长提供了肥沃的土壤，也为导师自身提供了宝贵的学习机会，从而不断完善整个编辑人才的培养体制。

（二）加强继续教育培训体制建设

继续教育作为编辑人员提升专业素养与综合能力的重要途径。为了有效推进编辑队伍的整体进步，强化培训体制成为关键所在。从宏观层面来看，政府应当发挥主导作用，通过完善相关政策制度，如考核机制、评价体系、选拔流程及管理规范，为编辑行业的健康发展提供坚实保障。同时，定期举办技能大赛，能够激发编辑人员的学习热情与创新能力。而在微观层面，编辑人员需将学习日常化，积极参与编辑部内部组织的比赛和交流会，以促进知识与经验的共享。

此外，培训方式需与时俱进，充分结合线上线下的优势。面授、线上授课、慕课等多元化形式，能够满足不同编辑人员的学习需求。在培训内容方面，更需因材施教。对于新入职的编辑，应以编辑校对基础性知识为主，帮助其快速掌握基本技能；而对于资深编辑，则应侧重于研究型内容的培训，同时辅以基础性知识的更新，以进一步提升其专业素养与创新能力。

（三）提倡编辑"走出去"

在学术期刊出版领域，追求高质量内容已成为不可逆转的趋势，而这要求期刊编辑必须主动"走出去"，以拓宽自身的视野和能力边界。此过程可细分为三个循序渐进的阶段。首先，编辑需深入市场，通过细致的市场调研，精准把握读者的真实需求和学术前沿动态，从而有效提升期刊内容的针对性和深度，为期刊质量的跃升奠定坚实基础。其次，编辑应积极融入编辑行业，通过参与各类学术交流、研讨会等活动，广泛建立人脉网络，不断汲取行业精髓，促进个人编辑素养的全面提升。最后，编辑还需勇敢走出国门，积极参与国际学术交流与合作，以全球化的视角审视和甄选稿件，从而进一步提升期刊的国际影响力和竞争力。

（四）建立和完善高校科技期刊编辑考核和激励机制

编辑素养的提升，从根本上而言，依赖于编辑个体主观能动性的充分发挥。在这一进程中，高校科技期刊编辑群体的境遇值得特别关注。这一群体往往处于被边缘化的地位，其职业路径上的职称评定与晋升机会相对稀缺，日常工作内容又趋于重复与单调，这些因素无疑在相当程度上挫伤了他们投身期刊工作的热情，也削弱了其提升专业素养的内在动力。鉴于此，构建并完善一套针对高校科技期刊编辑的考核与激励机制显得尤为迫切。具体措施应涵盖四个维度：一是要优化编辑人才的评价体系与激励机制，确保技能提升能够直接关联到个人收入待遇的改善；二是对那些在业务竞赛中脱颖而出或成功取得职业资格证书的编辑给予实质性的奖励；三是要制定并实施一套科学合理的期刊质量考核奖惩机制；四是应当遵循按劳分配的基本原则，以此增强编辑人员的职业获得感与责任感，从而为其素养的全面提升奠定坚实的基础。

第二章　高校科技期刊出版与质量控制体系

第一节　高校科技期刊出版与发展

当今世界，科技期刊承载着科学评价、知识传播、学术交流、科学传承的重要功能，是展示一个国家科技成果积累和创新发展状况的重要窗口。

一、我国高校科技期刊的一般出版模式

当前，高校正积极探索科技期刊的新型出版模式，旨在更好地服务于广大师生的学术研究需求。高校科技期刊作为教学与科研成果的重要展示平台，承载着学术交流、学科建设、学术传播及人才培养等多重功能。然而，在市场化、集约化、专业化的发展道路上，高校科技期刊仍面临诸多挑战，其发展模式尚处于不断探索之中。值得注意的是，高校科技期刊的改革与发展并非孤立进行，而是需要高校的全面参与和深入推动。同时，高校主管制度的制约和影响也是改革过程中不可忽视的重要因素，需在探索中逐步优化与调整。

目前，我国高校期刊集约化管理进程取得了显著进展，体现了学术出版领域的高效整合与创新发展。部分高等学府通过整合校内各类刊物资源，成立了具有独立运营能力的期刊社等机构，实现了期刊管理的专业化

和集中化。与此同时，另一些高校则将期刊纳入学校出版社的统一管理体系之中，借助出版社的成熟机制与丰富经验，提升期刊的编辑出版质量。此外，高校还积极探索校内外联合办刊的新模式，与专业出版集团开展深度合作，共同推动学术期刊的繁荣发展，拓宽了学术交流的渠道与视野[①]。本书通过对我国高校科技期刊的出版模式进行调研和探讨，分析体制机制、运营方式及各模式优缺点，为高校科技期刊整合资源、做大做强提供参考。

（一）单刊模式

单刊模式，作为一种传统且典型的高校学报编辑出版方式，其本质特征在于依托高校内部单一的学报编辑部进行运作，全面获取并依赖于高校在人力资源、财务资源及物资资源上的综合支持。此模式下，编辑部往往作为学校某个部门或二级单位的组成部分存在，其团队成员构成包括一批专业的专职编辑，同时也吸纳了部分具有科研背景的兼职人员，以期在编辑工作中融入更多学术视角与实践经验。

单刊模式主要可划分为两种类型：一是校名学报，这类学报多挂靠于高校的科技处或其他相关行政部门，其核心职能在于促进校内外学术交流，展示本校乃至更广泛范围内的科研成果，拥有相对稳定的编辑队伍，因而管理难度相对较低；二是专业类学报，它们通常直接隶属于某个学院、系所或研究所，经费来源多为自筹，编辑工作多由具有学科专长的兼职人员承担，内容紧密围绕所属单位的学科特色与研究方向展开。

然而，单刊模式也面临着显著的问题与挑战，如规模偏小、资源分散导致的集聚效应缺失，主办单位可能因资源分配问题而对其重视不足，以及政府部门在监管与指导上存在的实际难度，这些问题共同制约了单刊模式下学报的进一步发展与影响力提升。

---

① 刘志强. 探索高校科技期刊出版模式的改革措施［J］. 编辑学报，2016，28（3）：213.

（二）集约型期刊社模式

集约型期刊社模式，作为一种创新的期刊管理范式，其核心理念在于高校通过整合分散于各部门的期刊资源，成立一个独立的二级单位——期刊社，以实现资源的优化配置与管理的统一化。具体而言，该模式通过将各部门中职能相似的办公室、财务、发行等机构进行"大部室"整合，不仅保留了高校事业编制及人员的原有待遇，还通过办刊经费的差额拨款制度，确保了资金的有效利用。该模式的优点显著，它有助于降低各期刊的运营与推广成本，通过集中管理实现规模效应；同时，还能提高工作效率，使人力、财力、物力等资源得到更为有效的发挥。在管理方法上，期刊社结合目标管理、过程管理与绩效管理的多重手段，建立了一套符合期刊发展规律的管理制度和工作机制。其发展目标明确，旨在通过进一步整合资源，突破重点期刊的发展瓶颈；同时，实施差别化定位，推动期刊的专业化发展。最终，期刊社将致力于打造一批精品期刊，使之成为学术研究成果的重要展示窗口与学术交流的权威平台。

（三）杂志社模式

杂志社模式是指高校通过整合旗下分散的学术期刊资源，创立具备独立法人资格的杂志社实体，进而采纳企业化的运作机制与集约化的管理模式。在这一框架下，人员配置上采取灵活策略：原有工作人员保留事业单位编制，以维护队伍稳定性；而新入职人员则纳入企业编制体系，以此实现人力资源的统一规划与科学管理，促进团队效能的最大化。该模式的优点显著：首先，通过激励机制的优化，有效提升了办刊人员的工作积极性与效率，为期刊质量的持续提升奠定坚实基础。其次，它成功地将社会效益与经济效益相融合，实现了"双效"并举的目标。此外，定期的业务培训不仅增强了团队的专业能力，还促进了具有市场竞争力的期刊群的构建。更为重要的是，此模式支持多品种、跨学科的期刊发展策略，助力期刊群在国内外市场中的广泛布局与深入拓展。然而,该模式亦非尽善尽美。人员的双轨制管理可能导致队伍相对不稳定性,需要长期的时间与努力来磨合与优化。同时,若过度追求市场化效益,可能会偏离纯学术研究的初衷,进而影响部分学术期刊的长远可持续发展。

(四)挂靠高校出版社模式

挂靠高校出版社模式是将校内所有期刊统一整合至高校出版社旗下,进行集中化的经营与管理。在此模式下,通常会成立如期刊中心或期刊分社等实体机构,以承担具体的运营职责。该模式运作上倾向于企业化,涵盖人事考核制度、分配制度以及市场营销策略等多个方面,同时遵循"老人老办法,新人新办法"的原则,以确保平稳过渡。编辑人员的薪酬体系直接与其工作业绩挂钩,激励其积极性和创造性。编辑部在保持自主经营、独立核算的基础上,针对出版社补贴不足的情况进行自我调整与优化。此模式的优势在于无须额外设立期刊管理部门,实现了资源的有效整合;期刊能够共享出版社的品牌影响力和发行平台,提升市场竞争力;同时,企业化的管理方式有助于转变编辑工作理念,增强创新意识与市场意识,从而显著提高工作效率。然而,该模式也存在一定局限性,如期刊编辑人员的流动性可能增加,影响团队稳定性;部分期刊经济效益不佳可能拖累出版社整体利润;在追求经济效益的同时,可能削弱了学术期刊的学术水平。此外,与企业奖励制度的潜在矛盾也可能影响期刊的长远发展。

(五)与专业出版集团合作出版模式

近年来高校科技期刊与国内外专业出版集团合作出版的模式发展很快。该模式具体操作为,高校科技期刊在保持其原有的办刊人员、办公场所及产权结构不变的基础上,与专业的出版集团建立合作关系,并每年支付相应的管理、宣传及推广费用。此模式的优势在于，首先，通过借助专业出版集团的品牌效应和广泛影响力，能够显著提升期刊的知名度和学术影响力。其次，这种合作方式符合国家关于文化产业发展的政策导向，有利于获得政策支持和资源倾斜。再次，出版集团专业化的销售渠道，尤其是国际大型出版集团，能有效拓宽英文期刊的海外发行市场，进而提升其国际显示度和学术影响力。然而，该模式也存在一定劣势。合作双方的分散管理可能导致利益分配问题，进而影响合作的稳定性。同时，在双重管理体制下，期刊可能缺乏长期稳定的办刊方向，使得其未来发展充满变数。

（六）学术与出版分离模式

学术与出版分离的模式，作为当前国际上科技期刊的流行趋势，已逐渐引起国内高校期刊的关注与探索。在此模式下，编辑部与专业出版机构各自承担明确的职责。编辑部专注于期刊的策划、组稿、审稿等核心环节，确保内容质量的高水准；而专业出版机构则全面负责期刊的出版、发行、广告、宣传、新媒体运营及财务等事务，实现经营效益的最大化。此模式的优势在于有效解决了学术质量与经营效益之间的矛盾，通过人员分流提高了工作效率。同时，编辑的职责和工作方式也随着办刊方式的变化而调整，更加适应新的出版环境。然而，该模式也存在期刊整体出版流程监控较为困难的问题，需在实践中不断探索和完善。

（七）网络平台虚拟集约型模式

基于网络平台的虚拟集约型科技期刊出版模式，作为数字化时代下的创新实践，其核心理念在于顺应信息技术发展的必然趋势，通过构建期刊联盟的形式，实现资源的高效整合与广泛共享。在此模式下，通常由具有较强影响力和组织能力的牵头单位或专业出版企业，承担起运营发行及广告拓展等关键业务，而期刊的在线投稿、审稿及编辑等核心流程，则集约至统一的期刊网络平台进行，极大地提升了工作效率。该模式的成功运行，高度依赖于牵头单位的行业号召力与协调能力。其优点显著，包括能够实现期刊资源的打包销售，促进各参与方的利益共赢，并有效提升刊物整体的影响力和传播力。

二、高校科技期刊出版模式发展定位与改革措施

（一）高校科技期刊出版模式发展定位

在我国高校科技期刊出版模式的改革中，应遵循"区别对待、分类指导"的原则，避免采取"一刀切"的简单处理方式。政府应积极完善学术质量评估标准，并建立健全的期刊准入和退出机制，以此优化期刊的结构与布局。改革的根本目标在于扭转当前"千刊一面"的同质化现象，激励各期刊积极探索符合自身特点的发展定位，并寻求可持续的出版模式。未来的发展方向应聚焦于集约化、专业化、数字化、国际化与市场化。通过这一系列的改革措施，旨在全面提升我国科学研究的综合实力，推动学术进步与创新。

高校科技期刊出版模式的发展定位是一个多维度、多层次的战略考量，其核心在于特色化、专业化与国际化三者的有机融合。特色化定位，作为期刊发展的基石，贯穿于办刊宗旨的明确、作者资源的整合、栏目设置的创新、稿件风格的塑造、编排格式的规范以及传播形式的多元等多个方面。专业化定位则要求期刊紧密依托高校的优势学科、科研团队及专家资源，以此作为内容质量与学术影响力的坚实支撑。而国际化定位，作为期刊发展的长远目标，不仅体现在办刊理念的开放包容，还涵盖编辑团队的国际视野、载文语言的多样性、同行评议的公正性、作者读者队伍的全

球化以及出版发行平台的国际合作。三者相辅相成，共同推动高校科技期刊向更高水平迈进。

（二）高校科技期刊出版模式的改革措施

改革高校科技期刊的核心目标在于全面提升其学术质量与经营管理水平，旨在实现社会效益与经济效益的双重最大化，进一步拓展其发展空间，并充分发挥其在学术交流、知识传播、科研评价及成果转化等四大方面的功能。为实现这一目标，应积极利用政府的相关支持政策，并借鉴国外成功的期刊基金资助模式，为改革提供有力保障。改革方向上，首先需转变宣传策略，由以往的对内宣传为主，转向内外结合的全新模式，推动期刊向专业化、特色化、品牌化方向深入发展，进而建立科技期刊集群，提升整体影响力。其次，业务层面也需由单一出版向多元化传媒转变，充分利用网络平台优势进行集群出版，有效整合各刊资源，打造全系列集约化的传播新模式。

通过调研分析我国高校科技期刊各种出版模式的优缺点，结合国内外科技期刊的成功经验，集约化出版模式是当前我国高校科技期刊最重要的改革措施，具体集约化的建议如下两方面。

第一，社会效益和经济效益共赢的集约化。高校科技期刊的集约化出版，立足于社会效益与经济效益的双重共赢，其根本目标在于推动期刊的集群化发展与多元化经营策略的实施。为实现这一目标，高校内部期刊采取了集约化的管理模式，通过成立专门的期刊社来集中管理，有效解决了以往期刊"小、散、弱"的问题。同时，同类高校科技期刊之间积极开展合作，通过建立联盟、统一宣传等手段，强化了集群化发展的态势。各期刊社充分发挥自身在人力、物力、财力等方面的资源优势，共同推动期刊的可持续发展与跨越式进步。此外，鼓励期刊社进行跨地区、跨行业、跨媒体的联合，以进一步拓展其发展空间，实现更广泛的影响力与更高的学术价值。

第二，实体期刊与网络虚拟平台相结合的集约化。在中国高校科技期刊体制改革的深入推动下，中国高校科技期刊总社应运而生，它依托于中国高校科技期刊研究会及各专业学会的坚实基础，构建起一个多层次、分级管理（上、中、下三个层级）的全新组织架构。此架构旨在实现资源的科学配置与高效利用，推动期刊发展的专业化与集约化。在集约化模式的创新实践中，总社率先提出了"虚拟联合编辑部"的构想。该模式聚集了全国高校同一学科的期刊力量，形成一个跨越地域界限的虚拟编辑团队。通过资源的整合与互补，不仅强化了期刊的学术深度与广度，还显著提升了其整体影响力。数字化转型是总社发展的另一重要驱动力。借助先进的数字化技术，总社成功打造了一个网络虚拟的专业化平台，该平台有效整合了各类综合性期刊文章，极大地拓宽了文章的传播渠道和受众范围。在合作与共享方面，总社积极与知网、万方等成熟平台开展深度合作，共同推进虚拟平台的建设与发展。同时，对于英文科技期刊，总社充分利用国际出版平台的优势，实现了其网络虚拟化，进一步提升了期刊的国际影响力。在管理体系上，总社实行期刊社管理与学会专业化管理的有机结合。总社层面负责内容的专业化指导与管理，而各级期刊社则分别承担起点、线、面的综合管理职责，确保整个期刊体系的顺畅运行与持续发展。

总之，随着我国文化体制改革的不断深化，高校科技期刊出版模式改革面临着新的发展机遇。为顺应改革潮流，应积极引入集约化出版模式，改革期刊出版体制机制，以此激发行业竞争力，进一步推动学术传播，更好地服务于我国的科技事业发展。

第二节 高校科技期刊的开放存取出版模式

高校科技期刊作为教育与科研交汇的重要平台，承载着传播创新成果与促进学术交流的重任。然而，受历史管理体制的惯性约束及传统办刊理念的局限,当前多数高校科技期刊呈现出状态单一、分散封闭、学术质量参差不齐及整体竞争力薄弱的现状。这一状况在信息爆炸的时代背景下显得尤为突出,科技期刊在传播功能上面临着质量把控、传播效果、规模扩展及传播速度等多重严峻考验。开放存取(Open Access,OA)模式作为一种创新的科技期刊出版模式,旨在打破传统壁垒,提升学术信息的吸收效率、利用广度与影响深度。它倡导信息自由传播,力求实现学术资源的最大使用价值,不仅体现了研究人员共同利益,也契合了学术出版的初衷,深刻彰显了互联网的共享精神。对于我国高校科技期刊而言,OA模式的引入无疑带来了前所未有的发展契机,为其提高学术质量、扩大国际影响、探索走向世界提供了新途径与新手段。

一、高校科技期刊开放存取出版的 SWOT 因素分析

SWOT 分析法作为一种广泛应用的战略分析工具,其历史可追溯至20 世纪 70 年代的哈佛商学院。该方法通过全面综合地评估企业的内部优势与劣势,以及外部面临的机遇与威胁,为制定科学合理的战略提供重要依据。本节研究将运用 SWOT 分析法,深入探讨我国高校科技期刊在开放存取(OA)出版方面的条件与环境,旨在揭示其发展的内在动因和外部约束。基于此分析,将提出针对性的应对策略,以期为我国高校科技期刊的可持续发展提供有价值的参考与指导。

(一)高校科技期刊开放存取出版的优势

高校科技期刊 OA 出版模式,作为学术传播的一种创新方式,近年来在全球范围内迅速发展,其优势主要体现在以下几个方面。

1. 拓宽传播范围与影响力

开放存取出版通过互联网平台,打破了传统出版模式下的地理与机构

界限，使得高校科技期刊的论文能够迅速、广泛地传播至全球范围内的读者与研究者。这一模式不仅显著提升了期刊的可见度与知名度，还极大地增强了科研成果的影响力。对于作者而言，其研究成果能够更快地被同行发现、引用与讨论，从而加速了知识的传播与积累。此外，开放存取期刊通常被收录在多个国际数据库与搜索引擎中，进一步拓宽了期刊的传播渠道与受众群体。

2. 促进知识共享与交流

在高校科技期刊领域，这一模式打破了传统出版模式下的知识壁垒，使得任何具有互联网接入条件的个人或机构都能无障碍地获取到最新的科研成果。这不仅促进了跨学科、跨地域的知识交流，还激发了新的研究灵感与合作机会。同时，开放存取期刊往往鼓励作者保留版权，允许其在遵守一定规则的前提下，自由地在网络上分享、传播其作品，进一步促进了知识的广泛传播与再利用。

3. 提高研究透明度与可验证性

一方面，开放存取期刊通常要求作者提交研究数据、实验材料与方法等补充信息，以便其他研究者进行验证与复用。这种做法增强了研究过程的可追溯性与可重复性，提升了科学研究的整体质量。另一方面，开放存取出版促进了学术批评与同行评议的公开化，使得研究成果能够更快地接受同行的检验与修正，从而加速了科学知识的迭代与进步。

4. 降低获取成本，促进教育公平

传统学术期刊的高昂订阅费用往往成为许多高校与研究机构获取学术资源的障碍。而开放存取出版则通过免费或低成本的网络访问，极大地降低了科研成果的获取成本。对于资金有限的高校与研究机构而言，这无疑是一个巨大的福音。此外，开放存取出版还有助于促进教育公平，使得更多来自不同社会背景与经济发展水平的研究者能够平等地获取到最新的科研成果，从而缩小了学术资源的地域差异与阶层差异。

5. 增强作者权益与自主性

在开放存取出版模式下，作者通常拥有更大的自主权与权益。一方面，作者可以选择将作品发表在开放存取期刊上，保留其版权并享受更广泛的传播与引用。另一方面，开放存取期刊往往对作者收取较低的发表费用或不收费，减轻了作者的经济负担。此外，一些开放存取期刊还提供了灵活的版权政策与许可协议，允许作者在遵守一定规则的前提下，自由地在网络上分享、传播其作品，进一步增强了作者的权益与自主性。

（二）高校科技期刊开放存取出版的劣势

尽管开放存取出版具有诸多优势，但也面临一些不可忽视的劣势。

1. 经济可持续性挑战

尽管开放存取出版在扩大传播范围与影响力方面具有显著优势，但其经济可持续性却面临严峻挑战。一方面，开放存取期刊通常依赖作者支付的发表费用或机构资助来维持运营，这使得其经济来源相对单一且不稳定；另一方面，随着期刊规模与影响力的扩大，运营成本（如编辑、审稿、出版等）也随之增加，给期刊的长期发展带来了经济压力。

2. 质量控制与同行评审压力

开放存取出版模式下的质量控制与同行评审机制也面临一定压力。由于开放存取期刊通常接受来自全球的投稿，稿件数量庞大且质量参差不齐，这给编辑与审稿工作带来了巨大挑战。同时，为了保持期刊的学术声誉与影响力，开放存取期刊需要建立严格的同行评审机制，确保每篇论文都经过充分的评审与修改。然而，这一过程往往耗时耗力，且可能因评审专家的资源有限而导致评审周期延长或评审质量下降。

3. 版权与知识产权问题

开放存取出版涉及复杂的版权与知识产权问题。一方面，作者需要确保其投稿的作品不侵犯他人的版权或知识产权；另一方面，期刊也需要制定合理的版权政策与许可协议，以保护作者的权益并促进作品的广泛传播与再利用。然而，由于不同国家与地区的版权法律存在差异，且开放存取出版的快速发展使得相关法律法规尚未完善，因此在实际操作中容易引发版权纠纷与知识产权争议。

4. 技术与平台依赖性

开放存取出版高度依赖于互联网技术与出版平台。一方面，期刊需要借助先进的出版技术与平台来实现论文的在线投稿、审稿、编辑与发布；另一方面，读者也需要通过稳定的网络连接与兼容的设备来访问与阅读期刊内容。然而，这种技术与平台的依赖性也带来了潜在的风险。例如，技术故障或网络攻击可能导致期刊的正常运营中断，影响论文的及时发布与读者的访问体验。同时，随着技术的快速发展与更新迭代，期刊需要不断投入资金与人力来升级其出版平台与技术设施，以适应新的需求与挑战。

5. 学术评价体系适应性

当前，学术评价体系对于开放存取出版的认可程度尚存在差异。尽管开放存取出版在促进知识共享与交流方面具有显著优势，但一些传统学术评价体系仍然更倾向于认可发表在知名传统期刊上的论文。这种偏见可能影响了作者对开放存取期刊的投稿意愿与期刊的学术声誉。此外，由于开放存取期刊的快速发展，学术评价体系尚未建立完善的评价标准与机制来全面评估其质量与影响力,这也给期刊的长期发展带来了一定的不确定性。

(三)高校科技期刊开放存取出版的机遇

随着信息技术的发展和科研环境的变化,高校科技期刊开放存取出版也迎来了新的机遇。

1. 政策支持与资金投入

随着开放科学理念的深入人心,各国政府及科研资助机构对开放科学和数据共享的支持力度持续增强。在国际层面,经济合作与发展组织(OECD)颁布了相关原则与指南,指导成员国制定科学数据开放共享政策;联合国教科文组织(UNESCO)也发布了《开放科学建议书》,强调开放科学的重要性。在国家层面,各国政府纷纷出台政策,要求公共资助的科研成果必须公开可访问,如英国研究与创新机构(UKRI)允许公众免费获取并重复使用税收资助的研究成果。同时,各国还通过设立专项基金,如德国的出版基金,支持高校科技期刊向开放存取模式转型,并提升期刊的国际影响力和学术质量。此外,科研资助机构也明确要求研究成果的开放获取,推动了高校科技期刊的开放存取发展。具体政策实例包括中国的科学数据共享工程,以及欧盟"地平线 2020 计划"对科学数据的开放存取要求。这些政策的出台和实施,为高校科技期刊的开放存取出版提供了坚实的政策基础和资金保障,促进了知识的广泛传播和再利用,也推动了高校科技期刊的可持续发展。

2. 技术进步与数字创新

信息技术的飞速发展,特别是互联网、大数据、人工智能等技术的广泛应用,为高校科技期刊的开放存取出版提供了强大的技术支持。数字化出版平台使得期刊内容能够迅速、广泛地传播到全球范围,打破了传统出版模式的时空限制。此外，通过数据挖掘和分析技术，期刊可以更加精准地定位目标读者群体，提供个性化的内容推荐和服务。同时，新兴的数字出版工具和格式（如增强型出版物、数据论文等）丰富了期刊的表现形式，提升了读者的阅读体验和互动性。

3. 社会认知与需求提升

随着科研工作者对开放存取理念的认可和接受程度不断提高，社会对高校科技期刊开放存取出版的需求也日益增长。一方面，科研人员希望自己的研究成果能够得到更广泛的传播和认可，而开放存取出版模式提供了实现这一目标的有效途径；另一方面，读者和公众对科学知识的需求日益多样化，他们希望通过便捷的途径获取高质量、最新的科研成果。这种需求的提升为高校科技期刊的开放存取出版创造了良好的市场环境和社会基础。

4. 国际合作与网络化发展

全球化背景下，国际科研合作日益频繁，高校科技期刊作为科研成果交流的重要平台，其国际化程度不断提升。开放存取出版模式有助于打破地域和语言障碍，促进不同国家和地区科研人员之间的交流与合作。同时，国际性的开放存取出版网络和组织（如开放存取学术出版商协会、开放获取知识库等）为高校科技期刊提供了丰富的资源和合作机会，有助于期刊提升国际影响力和竞争力。

5. 新兴出版模式探索

随着出版技术的不断进步和出版理念的更新，高校科技期刊开始探索新的出版模式，如延迟开放存取、混合开放存取等。这些新兴模式旨在平衡期刊的经济利益和学术传播需求，为期刊的可持续发展提供新的思路。此外，一些期刊还尝试与科研机构、图书馆等合作，共同构建开放存取出版生态体系，实现资源共享和互利共赢。

（四）高校科技期刊开放存取出版的挑战

面对机遇的同时，高校科技期刊开放存取出版也面临着多方面的挑战。

1. 盈利模式探索

开放存取出版模式虽然降低了读者的获取成本，但也给期刊的盈利带来了挑战。传统的订阅模式被打破后，期刊需要探索新的盈利途径，如作者付费出版、广告收入、赞助支持等。然而，这些盈利模式在实际操作中往往面临诸多困难，如作者支付意愿和能力的差异、广告市场的竞争激烈等。因此，如何在保证期刊学术质量的前提下，实现经济上的可持续发展，是高校科技期刊开放存取出版面临的重要挑战。

2. 学术诚信与质量控制机制

开放存取出版模式的普及使得论文发表的数量大幅增加，但同时也带来了学术诚信和质量控制的问题。一些不良的出版商和作者可能会利用开放存取出版的便利，进行学术不端行为，如抄袭、伪造数据等。这不仅损害了学术界的声誉，也影响了开放存取出版的可信度。因此，建立完善的学术诚信和质量控制机制，确保论文的真实性和学术价值，是保障开放存取出版健康发展的关键。

3. 版权与知识产权法律框架完善

开放存取出版涉及复杂的版权和知识产权问题。一方面，期刊需要确保所发表的论文不侵犯他人的版权和知识产权；另一方面，也要保护作者的合法权益，确保他们在论文发表后能够得到应有的认可和回报。然而，现有的版权和知识产权法律框架往往难以完全适应开放存取出版的需求，存在诸多漏洞和不确定性。因此，完善相关法律法规，明确各方的权利和义务，是保障开放存取出版顺利进行的必要条件。

4. 技术安全与隐私保护

随着数字化和网络化的发展，高校科技期刊开放存取出版面临着越来越多的技术安全和隐私保护问题。例如，期刊网站可能遭受黑客攻击，导致论文数据泄露或被篡改；读者的个人信息也可能在未经授权的情况下被收集和利用。这些问题不仅威胁到期刊的声誉和安全性，也侵犯了读者的隐私权。因此，加强技术安全防护措施，确保论文数据和读者信息的安全性和隐私性，是高校科技期刊开放存取出版必须重视的问题。

二、我国高校科技期刊开放存取的发展建议

随着全球科研交流的日益频繁与信息化技术的迅猛发展，高校科技期刊作为科研成果传播的重要载体，其开放存取（OA）出版已成为推动学术交流、提升国际影响力的关键路径。面对这一趋势，探索并实施有效的策略，对于促进我国高校科技期刊的转型升级与国际化发展具有重要意义。

（一）加强编辑队伍建设

编辑不仅是期刊内容的策划者与组织者，更是期刊质量的守护者与提升者。因此，加强编辑队伍的建设，提升编辑的专业素养和综合能力，是推进高校科技期刊 OA 出版的重要保障。

首先，应重视编辑的专业培训。通过定期或不定期地举办编辑业务培训班、研讨会等形式，邀请业内专家学者进行授课，使编辑能够及时了解国内外期刊出版的最新动态和趋势，掌握先进的编辑理念和技术手段。同

时，鼓励编辑参加国内外相关的学术会议和研讨活动，拓宽视野，提升专业素养。

其次，应建立完善的编辑考核机制。通过制定科学合理的考核标准和方法，对编辑的工作绩效进行全面、客观、公正的评价。考核结果应与编辑的薪酬、晋升等挂钩，激励编辑不断提升自身的业务水平和工作能力。

最后，还应注重编辑的团队协作精神培养。高校科技期刊 OA 出版是一个复杂的系统工程，需要编辑、作者、审稿专家等多方面的紧密配合。因此，编辑应具备良好的沟通能力和团队协作精神，能够与各方有效沟通、协调合作，确保期刊出版的顺利进行。

（二）积极建设自主网站

在数字化时代，高校科技期刊 OA 出版离不开自主网站的建设。自主网站不仅是期刊内容的展示平台，更是期刊与读者、作者等各方互动交流的重要桥梁。因此，积极建设自主网站，提升网站的功能性和用户体验，是推进高校科技期刊 OA 出版的重要举措。

首先，应注重网站的设计与开发。高校科技期刊的自主网站应具备简洁明了的界面设计、便捷高效的导航功能以及丰富多样的内容展示形式。同时，还应注重网站的响应速度和稳定性，确保用户能够流畅地访问和浏览网站内容。

其次，应加强网站的内容建设。除了发布期刊的正式内容外，还可以增设学术动态、研究热点、专家访谈等栏目，为用户提供更加全面、深入的信息服务。此外，还可以利用网站平台开展在线投稿、审稿、发布等业务流程，提高期刊的出版效率和质量。

最后，还应注重网站的推广与营销。通过搜索引擎优化（SEO）、社交媒体推广、学术论坛宣传等多种方式，提高网站的知名度和影响力，吸引更多的读者和作者关注并参与期刊的出版活动。

（三）过渡期采用混合型 OA 模式

在高校科技期刊向完全 OA 出版转型的过程中,过渡期是一个不可忽视的阶段。在这个阶段,采用混合型 OA 模式是一种较为可行的方式。混合型 OA 模式是指期刊在保持传统订阅模式的同时,也提供部分内容的 OA 出版。这种模式既可以满足部分读者对免费获取学术资源的需求,又可以为期刊带来一定的经济收益,维持期刊的正常运营和发展。

首先,应明确混合型 OA 模式的具体实施策略。期刊可以根据自身的实际情况和市场需求,制订合理的 OA 出版计划和定价策略。例如,可以选择部分优秀论文或研究成果进行 OA 出版,以吸引更多的读者关注和引用;同时,对于其他内容则保持传统的订阅模式,确保期刊的经济收益。

其次,应加强混合型 OA 模式的宣传与推广。通过向读者、作者和相关机构介绍混合型 OA 模式的优势和特点,提高他们对这种模式的认知度和接受度。同时,还可以与其他 OA 期刊或平台进行合作与交流,共同推动混合型 OA 模式的发展和应用。

此外,还应注重混合型 OA 模式的质量控制和风险管理。在 OA 出版的过程中,期刊应严格把控内容的质量和学术价值,确保 OA 出版的论文能够达到与传统订阅模式相同的水平。同时,还应加强版权保护、数据安全等方面的风险管理,确保期刊的合法权益不受侵犯。

（四）成熟期依托开放式数字出版平台走向世界

随着高校科技期刊 OA 出版的不断发展和成熟,期刊可以依托开放式数字出版平台,进一步拓宽国际视野,提升国际影响力,走向世界。开放式数字出版平台是指一种基于互联网技术的、开放的、可互操作的数字出版平台,它能够实现内容的数字化、网络化、智能化发布和传播。

首先，应选择合适的开放式数字出版平台。高校科技期刊可以根据自身的特点和需求，选择国内外知名的开放式数字出版平台进行合作。这些平台通常具备先进的技术手段、丰富的出版资源和广泛的用户基础，能够为期刊提供全方位的出版服务和技术支持。

其次，应加强期刊的国际化建设。通过与国际知名的学术机构、学者进行合作与交流，邀请他们参与期刊的编委工作、审稿工作等，提升期刊的学术水平和国际影响力。同时，还可以积极组织和参与国际学术会议、研讨会等活动，展示期刊的成果和特色，吸引更多的国际读者和作者关注并参与期刊的出版活动。

此外，还应注重期刊的品牌建设和推广。通过加强期刊的品牌宣传和推广工作，提高期刊的知名度和美誉度。例如，可以利用社交媒体、学术论坛等渠道进行宣传推广；同时，还可以与其他知名期刊或出版社进行合作与交流，共同推动期刊的品牌建设和发展。

第三节　高校科技期刊的数字出版模式

在大数据时代背景之下，高校科技期刊正面临着前所未有的挑战与机遇。随着信息技术的迅猛发展，传统的印刷出版模式已难以满足当前日益增长的学术交流需求。因此，高校科技期刊亟须引入全程数字化出版模式，以适应这一变革趋势。全程数字化出版模式是基于多种高新技术而构建的一种新型出版方式。它强调了内容、生产、传播、阅读以及学习等各个环节的全面数字化，从而实现了出版流程的彻底革新。相较于传统出版模式，全程数字化出版具有更高的效率、更强的安全性以及更为协同的工作特点。在全程数字化出版模式中，ERP（企业资源计划）系统的引入为出版流程提供了强有力的数据支持。通过 ERP 系统，可以实现出版流程的精细化管理，优化各个环节的资源配置，进而提升整体出版效率。同时，全程数字化出版还结合了大数据技术的应用，实现了自动化、智能化的管理。这种智能化的管理方式不仅能够大幅提高出版效率，还能有效提升出版物的质量，为高校科技期刊的数字化转型提供有力保障。本节旨在研究大数据时代高校科技期刊全程数字化出版模式，探讨其在提高学术交流效率、优化期刊出版流程、提升学术成果影响力等方面的作用。

一、当前高校科技期刊数字化出版存在的问题

在当前数字化转型的大背景下，高校科技期刊面临着诸多挑战，其中资源投入不足的问题尤为突出。具体而言，这些期刊在数字化出版方面的技术设备、平台构建以及人力资源的投入上均显捉襟见肘，难以有效满足数字化发展的实际需求。这一现状不仅制约了期刊的数字化进程，也影响了其学术影响力和传播力。此外，期刊在数字化出版技术和平台的选择上亦面临困境。由于缺乏对相关技术和平台的深入了解，期刊难以做出科学、合理的选择和决策，从而影响了数字化出版的质量和效率。

同时，数字化出版领域缺乏统一的标准和规范，这也是一个不容忽视的问题。文献格式、版权管理、检索引用等方面的混乱状况，给数字化出版带来了极大的不便和隐患。数据安全和版权保护也是数字化出版必须面对的重要挑战。如何有效防止数据泄露和盗版行为，保障作者的合法权益，成为期刊亟待解决的问题。此外，部分期刊在数字化出版过程中忽视了用户体验和可访问性，导致读者在阅读和获取文献时面临诸多困难，这也制约了数字化出版的进一步发展。

二、大数据在高校科技期刊全程数字化出版应用意义

大数据，作为无法用常规软件工具在短时间内捕捉、管理和处理的数据集合，具有海量、高速、多样、低价值密度和真实性的特征。在高校科技期刊全程数字化出版领域，大数据的应用展现出深远的意义。

首先，大数据的引入为期刊编辑工作带来了革命性的变革。通过对海量数据的深度挖掘与分析，编辑人员能够更加精准地把握作者的研究方向、学术热点以及可能遇到的科研难题。这种基于数据的洞察能力，不仅有助于编辑提升选题的针对性和前沿性，还能实现数字期刊内容的个性化精准推送，满足不同读者的多元化需求，从而极大地提升期刊的学术影响力和读者满意度。

其次，大数据技术在优化科技期刊编辑工作流程方面发挥着显著作用。通过自动化处理大量投稿、审稿、编辑等环节的数据，大数据技术有效提高了工作效率，减少了人为错误，使得期刊出版流程更加顺畅、高效。同时，数据分析还能帮助期刊及时发现并解决潜在问题，为期刊的持续发展提供有力保障。

最后，大数据还成为推动高校科技期刊数字化出版创新发展的重要驱动力。在大数据的支撑下，期刊能够探索更多元化的出版模式，如数据出版、开放获取等，为学术成果的广泛传播和深度挖掘提供新的可能。同时，大数据还促进了期刊与其他科研机构的跨界合作，共同推动科研创新和学术进步。

三、大数据时代高校科技期刊全程数字化出版策略

（一）数字化文献管理系统

高校科技期刊全面数字化可以帮助期刊提高出版效率，增加可靠性和公正性，并提供更好的文献管理系统。数字化出版可以减少纸质文献的使用和存储，节省成本，并提高受众检索和获取文献的效率。数字化平台还实现了在线投稿、审稿和出版的无缝对接，进一步优化了出版流程，显著节省了时间和费用。同时，匿名审稿和重复检测机制的引入，为文章质量和原创性提供了双重保障。数字化出版还确保了整个出版过程的透明度和

可监控性，使得出版流程更加公正、可控。而高效的文献管理系统则为在线投稿和审稿提供了有力支持，进一步提升了出版工作的整体效率。

（二）开放高校科技期刊数据

大数据技术以其独特的信息处理能力，成为高校科技期刊数字化转型的重要驱动力。通过全程数字化出版，这些期刊不仅革新了传统的学术研究与交流模式，更以崭新的姿态成为推动学科发展的核心力量。数字化平台打破了传统期刊订阅费用的束缚，使得研究论文能够以免费或低成本的方式广泛传播，极大地促进了知识的共享与普及。此外，数字化出版还助力科学研究向更深层次迈进，不断激发社会创新活力，推动科技进步。

尤为重要的是，高校科技期刊通过开放数据资源，实现了研究数据的共享与互通，显著加速了科研成果的产出，提高了研究效率，这一举措不仅契合了科学发展的趋势，也满足了社会对知识快速更新的迫切需求。

（三）依托于数据技术的期刊评价指标

高校科技期刊全程数字化出版采用依托于数据技术的期刊评价指标，以确保评估的客观性和准确性。具体而言，"引用"指标作为衡量期刊学术影响力的重要维度，依托于JCR（期刊引用报告）等权威数据库所提供的期刊影响因子，有效反映了论文被引用的频次及其在学术界的影响力。此外，随着数字化平台的兴起，"下载"指标也日益受到重视。通过对期刊论文在数字化平台上的下载数据进行统计分析，可以直观地评估其受众范围和传播效果，进而反映其学术影响力。同时，"社交媒体"指标作为新兴的评价方式，通过监测论文在社交媒体上的分享、讨论情况，为评估其社会影响力和热度提供了有力依据。

值得一提的是，通过大数据分析和挖掘技术，可以高效地获取和分析上述各类评价指标，为高校科技期刊的评价提供更为全面、深入的数据支持。最终，这些准确及时的评估结果有助于为高校科技期刊的科学决策和发展战略提供有力支撑。

（四）用户个性化推荐

在大数据时代，高校科技期刊正积极探索创新方式，以个性化推荐为突破口，致力于提升用户体验和内容传播效果，从而在激烈的学术传播竞争中脱颖而出。

首先，为了精准把握用户需求，高校科技期刊需要广泛而深入地收集和分析用户数据。这包括用户的阅读历史、搜索行为、喜好偏好等多维度信息，通过这些数据的综合分析，可以构建起翔实的用户画像，进而洞察用户对于学术内容的具体需求和潜在兴趣点。这一步骤是实施个性化推荐的基础，也是提升用户体验的起点。

其次，在充分掌握用户数据的基础上，高校科技期刊运用大数据分析和机器学习技术，精心构建用户个性化推荐模型。这一模型能够智能地分析用户特征与内容特征之间的匹配度，为用户精准推送最符合其需求和兴趣的学术文章，从而提高内容的针对性和吸引力。

再次，为了确保个性化推荐的及时性和准确性，高校科技期刊通过实时监测用户行为和动态更新推荐模型，紧跟用户需求的变化。这种动态调整机制使得推荐系统能够迅速响应用户的最新需求，保持与用户的高度契合。

最后，高校科技期刊高度重视用户反馈，通过定期收集和分析用户对个性化推荐的满意度和改进意见，不断优化推荐策略。同时，结合数据分析的结果，期刊能够精准识别出推荐系统中的短板和潜在改进空间，从而制定针对性的优化措施，持续提升个性化推荐的准确性和用户体验，推动高校科技期刊在学术传播领域取得更加显著的成效。

（五）数据挖掘与文献分析

在大数据时代，高校科技期刊正积极探索将数据挖掘与文献分析技术深度融合于期刊管理与发展的创新路径中，旨在显著提升其学术质量与广泛影响力。

首先，高校科技期刊需全面推行数字化出版流程的重构，这一变革涵盖了从稿件提交的初步阶段，到审稿、编辑加工的细致环节，再到排版设计、正式出版乃至广泛传播的每一个环节。通过引入先进的科技手段与高效的在线服务平台，实现稿件处理的全链条数字化与实时追踪，从而极大地提高了出版效率与透明度。

其次，充分利用大数据技术的强大潜力，深入挖掘蕴藏在海量数据中的宝贵信息与潜在规律。具体而言，通过对已发表论文进行深度的文本挖掘与分析，精确提取出关键词汇、核心主题、引用网络等关键要素，不仅为编辑团队提供了更为丰富、精准的编校依据，也极大地丰富了读者的阅读体验与学术探索的深度，促进了知识的有效传播与创新发展。通过对论文内容及其引用关系的精细分析，能够准确把握当前的研究热点、学科之间的交叉融合态势以及作者间的合作网络，从而为期刊的编辑工作提供科学、前瞻性的指导。此外，个性化推荐与精准分类技术的运用，通过构建先进的推荐引擎和主题分类系统，显著提升了读者的阅读体验，同时也极大增强了论文的曝光度与影响力。数据可视化技术则以直观的图表、知识图谱、热力图等多种形式，生动展现文献分析结果与研究趋势，有效激发了研究者的创新灵感，并促进了跨学科的合作机遇。

最后，利用数据挖掘和机器学习技术，开发智能推荐系统，根据读者的兴趣和历史行为，推荐相关的论文、研究动态和学术资源，进而提高读者的信息获取效率和满意度。

（六）引入人工智能和自然语言处理技术

在大数据时代的浪潮中，高校科技期刊正积极探索并实践着与前沿技术的深度融合，其中，人工智能（AI）和自然语言处理（NLP）技术的引入，无疑为期刊质量和影响力的提升注入了强劲动力。

首先，在人工智能技术的助力下，高校科技期刊实现了对海量学术资源的智能筛选与分类。AI 技术能够自动分析论文的摘要、关键词等核心信息，快速准确地识别出高质量、高创新性的研究成果，为编辑团队提供了有力的选稿支持，从而确保期刊内容的学术价值和前沿性。

其次，自然语言处理技术的引入，使得期刊在处理作者投稿、审稿反馈等文本信息时更加高效和精准。NLP 技术能够自动分析文本中的语义关系，帮助编辑快速理解作者意图，减少沟通成本，提高审稿效率。同时，它还能有效识别并纠正文本中的语法错误、拼写错误等，确保期刊语言的规范性和准确性。

再次，机器翻译技术的应用，打破了语言障碍，使得高校科技期刊能够更广泛地吸引国际优秀稿件。通过机器翻译，期刊能够迅速将非英语国家的优秀论文转化为英文，扩大其国际影响力，促进学术交流的全球化。

最后，结合自然语言处理和数据挖掘技术，高校科技期刊能够深入挖掘学术数据中的潜在价值。通过对论文内容、引用关系、作者网络等多维度数据的分析，期刊能够揭示学术热点、预测研究趋势，为编辑团队提供科学的选题策划依据，进一步提升期刊的学术引领力和影响力。

（七）数据安全和版权保护

在实施全程数字化出版的过程中，必须高度重视数据安全和版权保护问题。为确保数据在传输和存储过程中的安全性，应对所有相关数据采取严密的加密措施。同时，建立健全的权限控制机制，严格限制用户的访问权限，以有效防止任何未经授权的访问和下载行为。此外，期刊网站和数据库的网络安全同样至关重要，应使用强密码和先进的加密算法，并定期对系统进行更新升级，以维护其安全防护能力。为防范潜在的网络攻击和入侵，还需建立全面的监测和预警机制。同时，定期进行数据备份，并将备份数据存储在安全的服务器或云平台上，以确保数据在任何情况下都不会丢失。

同时，为确保数据在不可预见灾难中的完整性和可用性，需要制定一套全面且细致的灾难恢复计划。此计划需涵盖数据备份、恢复流程及应急响应策略，以最大化减少潜在损失。同时，通过用户签署合同或许可协议，可以清晰界定双方的权利与义务，为数据管理和使用提供法律保障。为防范日益猖獗的盗版与抄袭行为，应采用先进的技术手段对论文进行审核。此外，利用数字水印、数字签名等先进技术，能有效保护论文的唯一性和原创性。与权威机构和服务提供商的紧密合作，更是构建数据安全与版权保护机制的重要途径。

第四节　高校科技期刊的质量控制体系

科技期刊作为科技成果转化、人才培育以及智力开发的关键媒介，其重要性不言而喻。这些期刊不仅承载着前沿的科研成果，更是指引社会发展步伐与方向的重要灯塔。在科技期刊的出版过程中，发展质量控制构成了其核心要素，直接关联到期刊的长远发展和社会影响力的发挥。通过实施严格的质量控制措施，能够打造出内容优质、学术价值高的期刊。鉴于科技期刊的专业性和广泛影响力，其质量控制显得尤为重要。这一环节旨在不断提升期刊质量，引领科技发展潮流，进而实现社会效益与经济效益的和谐统一。

一、高校科技期刊质量控制体系的内涵

质量管理中的质量控制体系,是一种旨在全面满足预定质量要求的管理系统。该系统通过实施一系列科学严谨的方法,如质量测量与数据统计等,深入剖析产品质量形成的内在原因,进而实现对产品质量的精准控制,确保其严格符合既定的技术标准与规范。在功能层面,质量控制体系强调实时性,通过持续的质量测量与监督检查,确保质量管理的动态适应性。在科技期刊领域,这一体系的应用尤为重要,它不仅能够显著提升科技期刊的整体质量,还能有效识别并排除影响期刊质量的各种因素,进而探索出增强期刊学术影响力和战斗力的有效路径。

科技期刊作为一个复杂而精细的信息工程,其系统性体现在它包含了多个既相互联系又独立运作、相互制约的子系统。这些子系统共同构成了期刊的完整架构,其中任意一个环节的质量问题都可能产生连锁反应,波及其他环节,进而对整体出版质量和学术质量造成深远影响。出版质量和学术质量是科技期刊生存与发展的基石,直接关乎其能否在激烈的学术竞争中立足。因此,运用控制论与管理学方法建立科学的质量控制体系,从生产过程入手严格把控产品质量,是提升科技期刊生命力的关键。通过确保高质量标准,科技期刊不仅能稳固自身地位,还能有效促进科技成果向生产力的快速转化,为科技创新开辟更广阔的可能空间。

二、高校科技期刊质量控制体系的建立

质量控制在科技期刊出版中占据着至关重要的地位,其核心目的在于确保期刊的学术水平和编校质量能够全面满足作者、读者、评审专家及管理机构等多方面的质量要求。期刊的质量主要由学术质量和编校质量两大方面构成,这两方面质量不仅直接体现了期刊的整体水平,更深刻反映了

期刊在各个环节上的工作质量。质量控制的范围广泛，涵盖了从组稿、选稿到审稿、编辑加工，再到校对、印刷、发行等期刊出版的全过程。为实现这一目标，需要构建一套完善的质量控制体系，该体系主要包括编辑初审、专家审稿以及编校印刷三个关键环节的质量控制。在实施过程中，通过对各个环节进行科学监控和管理，及时发现并解决问题，提出针对性的管理措施，从而不断提升期刊的办刊质量和学术影响力。

（一）编辑初审质量控制子系统

录用稿件质量即稿源质量，是科技期刊学术水平的直接决定因素。若将科技期刊视作一种独具特色的学术商品，那么稿源就如同这种商品的原材料，其品质的好坏，无疑将决定作为最终学术成果的科技期刊的质量优劣。因此，稿源质量在科技期刊质量形成的链条中，占据首要且至关重要的地位，它作为初始环节，对于整个期刊质量的塑造与提升，具有举足轻重的作用。而稿源质量的好坏又受到以下几部分的影响：是否一稿多投、文字复制比是否超标、是否有项目资助、作者素质、编辑对前沿科技及相关领域的敏锐性。

1. 是否一稿多投和文字复制比超标的界定

是否一稿多投和文字复制比超标是选择稿件的基本方面，也是科技期刊质量控制体系的基础，它的界定影响着其他几个方面的质量控制。如何界定这两者，现在中国知网和万方数据库都给我们提供了很好的平台。我们可以通过中国知网的"科技期刊学术不端文献检测系统（AMLC）"或者是万方数据库的"相似性检测"来检测稿件的投稿情况和是否抄袭。这些系统通过精密的算法，能够高效地检测出稿件的投稿情况以及潜在的抄袭行为，但其检测范围主要限于已发表的论文资源。因此，所得出的检测结果，虽可作为编辑在选稿过程中的重要参考依据，但仍需结合其他因素进行综合判断，而非作为绝对的评价标准①。

鉴于此，期刊编辑部需拓宽视野，加强与同行期刊的横向交流，建立起更为紧密的稿件追踪网络，以弥补系统检测的不足。同时，对于学术观点的创新性与技术内容的相似度评估，不能单纯依赖自动化系统的判断，而需要编辑人员与审稿专家深入挖掘，通过广泛的资料搜集与细致地研究分析，进行人工判定。这一过程要求编辑具备高度的专业素养与敏锐的学术洞察力，需广泛查阅相关领域的参考资料，综合考量稿件的多维度特征，以确保最终刊发的每一篇文章均符合严格的学术标准与期刊要求。

2. 基金项目资助对稿源质量的影响

创新性被视为衡量稿件质量的核心标准，它不仅是知识进步的重要驱动力，也是科技期刊追求卓越的基石。尤其值得注意的是，那些获得基金项目资助的稿件，往往因其背后严谨的科研设计与充足的资源支持，展现出更高的创新性和深远的研究价值。进一步地，由这些项目研究直接衍生的稿件，不仅在理论上有所建树，还常常具备显著的应用潜力，对于提升科技期刊的稿源质量和学术影响力具有不可小觑的作用。然而，在积极吸纳基金项目稿件的同时，也需保持警惕，严格把关，避免为了单纯提高基金论文比例而收录了质量参差不齐的稿件，从而确保了学术期刊的权威性和学术诚信。

3. 投稿作者的素质对稿源质量的影响

作者的综合素养包含了其职称等级、教育背景、所属机构、层级分布以及诚信记录等多个维度。一般而言，拥有高级职称及深厚学术积累的作者，往往展现出更高的个人素质，并且其所提交的稿件质量也趋于上乘。

---

① 吴晶. 高校科技期刊质量控制体系的架构 [J]. 福建广播电视大学学报，2014（6）：82.

因此，在稿件遴选环节，应全面细致地审视作者的相关资讯，将其作为评估稿件价值的关键参考，以期从源头上把控稿件质量，保障学术期刊的整体学术水平。

4. 编辑人员对前沿科技及相关领域的敏锐性

每一个编辑人员都要面对大量的稿件，要从这些稿件中选择出高质量的稿件，就需要编辑人员具有一定的学识水平和洞察力。为确保所处理的稿件具备学术价值与创新性，编辑需首先依托一套既定的统一标准进行初步筛选。这些标准通常涵盖了期刊的特定栏目设置、投稿作者的学术背景与声誉以及目标读者群与作者群的精准定位等方面。然而，仅仅依赖这些硬性标准是不够的，更深层次的筛选工作还需依靠编辑自身的深厚学识。这要求编辑能够敏锐识别出那些处于科学研究前沿、具有开创性意义的文章，并通过严谨的查询与审稿流程，进一步验证其学术贡献与原创性。编辑的学识与洞察力，因此成为快速精准地选择优秀稿件、从而保障稿源整体质量的关键所在。

（二）专家审稿质量控制子系统

专家审稿涉及稿件的查重、查新、专家的选择、专家的审稿模式等多个方面。

1. 稿件的查重和查新

这里说的查重并不是指稿件的文字复制比的确定，稿件文字复制比是否超标在稿件的初审阶段已经给出了界定。专家审稿阶段的查重，是指专家凭借自身深厚的学术积淀与广泛的文献查阅，对投稿中的学术观点、技术手段等进行严谨地甄别，以判定其是否已被前人研究或业已达到成熟阶段。此过程对审稿专家的学术造诣要求极高，他们需具备高瞻远瞩的学术视野与敏锐捕捉前沿科技动态的能力。查重工作首先需明确稿件所属研究领域，随后紧密结合作者的研究方向与所附参考文献，系统性地搜寻相关资料，从而准确评估稿件的创新程度与重复率。值得注意的是，查重与查新紧密相连，重复性研究的比例直接关乎稿件的创新价值及发表潜力：重复性愈高，创新性愈低，发表价值随之缩减；反之，则创新性显著，更具发表意义。

2. 专家的选择

我们可以建立审稿专家库，该库通过系统整合各领域专家的详细信息，包括其研究专长、学术成就及审稿经验等，为编辑部提供了一个便捷的管理与选取平台。为了实现更为精准的专家匹配，我们采用关联度算法，以稿件内容的核心关键词为基准，自动筛选出研究领域高度相关的审稿专家，从而显著提高了专家选择的准确性与针对性。

在审稿专家的遴选机制上，编辑部既可根据稿件的具体需求直接指定合适的专家，也开放作者推荐通道，以期获得更为贴近研究内容的审稿视角。然而，无论哪种方式，都严格遵循"避免隔行审稿"的原则，确保每位审稿专家都能在其专业领域内发挥最大效能，保障审稿过程的严谨性和公正性。特别地，对于作者推荐的专家，虽有可能引发熟人审稿的公正性担忧，但通过设定严格的回避制度与透明度监管，这一做法亦能在有效控制下，成为提升审稿准确性与公平性的有益补充。

3. 专家的审稿模式

随着信息技术的迅猛发展，学术期刊的审稿模式经历了从传统纸质审稿向网络在线审稿乃至远程审稿的重大转变，这一变迁深刻反映了时代进步的烙印与工作效率的显著提升。当前，多数编辑部已积极拥抱数字化浪潮，广泛采纳了高效便捷的采编系统，然而，仍有部分编辑部坚守着原始的出版方式，这一差异化的选择并未对审稿模式的革新构成实质性障碍。

纸质审稿模式以其独特的优势，如便于编辑与审稿专家之间的深入交流与反馈，对于准确理解审稿意见及提供个性化服务给作者方面展现出了不可替代的价值。相比之下，在线审稿系统则通过极大地缩短编辑、作者与审稿专家之间的空间距离，有效减少了审稿周期，同时实现了审稿结果的实时统计与分析，显著加快了出版流程的整体速度。

鉴于两种模式各有千秋，可以采取一种融合策略，将传统审稿模式的深度交流优势与现代在线系统的效率优势相结合，建立专属的沟通通道，既促进了各方之间的有效交流，又大幅提高了审稿效率。此外，无论采用何种审稿模式，严格执行双盲审稿制度都是必不可少的，它不仅能有效减轻审稿专家的心理负担，确保审稿过程的公平公正，还能避免潜在的不正当竞争，为稿件质量的严格控制提供有力保障。

专家审稿过程的质量控制直接影响着科技期刊的质量水平，稿件的优劣，并不是一蹴而定的，它需要多方面的协调共进，从稿源的选择到专家的审稿，缺一不可，这是整个期刊质量控制的重中之重。

（三）编校印刷质量控制子系统

1. 编辑校对质量控制

编辑校对质量控制主要包括编者对各种出版规范的掌握程度、编者的从业时间以及编者的学历等方面。

编者对出版规范的精准掌握与严谨的工作态度，是决定期刊质量高低的直接因素。规范的运用不仅关乎稿件加工的准确性和效率，更是期刊整体质量的重要保障。一个对规范了如指掌且态度严谨的编者，能够确保每一篇稿件都达到既定的学术标准和出版要求。

编者的从业时间和学历背景虽不直接作用于编辑工作，但它们通过潜移默化地提升编辑的专业素养和综合能力，进而对期刊质量产生间接影响。较长的从业时间意味着更丰富的实践经验和更深厚的行业洞察；而高学历则往往代表着更扎实的理论基础和更广阔的知识视野。这些因素共同作用于编者的工作态度与专业素养，最终体现在期刊的编校精细度和学术水平上。

2. 排版印刷装帧质量控制子系统

排版印刷及装帧质量的精细控制占据了举足轻重的地位，它直接关系到期刊的视觉效果与阅读体验，进而影响其学术影响力与市场接受度。期刊的外在表现，不仅是其内容的延伸，更是构建专业形象、吸引读者注意力的首要环节，因此必须秉持高标准、严要求的原则进行操作。

具体而言，控制期刊外观质量的核心要素涵盖了版式设计的科学性与艺术性结合、封面装帧设计的创新性与吸引力，以及印刷质量的精准与稳定。版式设计应当既符合学术严谨性，又不失美观大方，通过科学合理的布局与视觉元素的巧妙运用，有效提升期刊的订阅量与出刊质量。此外，在印刷纸张的选择上，应兼顾环保理念与成本控制，甄选既环保又具有高性价比的材质，以确保期刊从内容到形式的全方位优质呈现，为学术研究成果的传播奠定坚实的基础。

总之，科技期刊的质量控制是一个多维度、多子系统的复杂工程，它要求从多个层面和角度进行综合性的考量与管理。在这一过程中，细节量化分析显得尤为重要。我们需要深入甄选各子系统中的影响因素，并运用科学的方法进行量化分析，进而构建出精确的质量控制模型。为了确保期刊的高质量，我们采用定性与定量相结合的方式，对期刊的各个方面进行严格控制。这样的方法不仅有助于提升科技期刊的整体质量，还能有效提高编辑部门的工作效率。同时，我们对期刊的出版流程实施全流程监管，确保每一个环节都能达到既定的质量标准。运用控制论的思想指导高校科技期刊的质量控制，可以不断提升期刊的学术水平，使其成为科学技术的前沿阵地。

第三章　高校科技期刊的发展方向

第一节　高校科技期刊发展的着眼点

当前，高校科技期刊正面临着前所未有的考验与挑战，其可持续发展问题备受关注。在此背景下，必须从战略高度出发，进行前瞻性思考，以宏观视野审视期刊的发展方向与定位。如何在新时代背景下探寻高校科技期刊的创新发展路径，已成为学术界与期刊界广泛讨论的热门话题。这要求我们不仅要关注期刊的现状与困境，更要积极探索其未来发展的着眼点，为高校科技期刊的长远发展奠定坚实基础。

一、重新寻求高校科技期刊定位

期刊定位作为一个战略性的综合考量，深刻地影响着期刊的整体运作方向与长远发展。在这一宏观框架下，办刊宗旨作为期刊定位的核心内容，具有举足轻重的地位。对于高校科技期刊而言，其办刊宗旨尤为明确，旨在全面、准确地反映高校的科研成果与教学成就，为学术交流与知识传播搭建一个高效的平台。教育部在《高等学校学报管理办法》中明确提出："高等学校学报是高等学校主办的、以反映本校科研和教学成果为主的学术理论刊物……"这一定位不仅合理，更在历史的长河中发挥了指导性的作用。它紧密围绕高校科研与教学的实际需求，为科研工作者提供了有力的支持与引导。在期刊发展的初级阶段，高校科技期刊更需牢牢根植于高校的沃土之中，充分利用高校的丰富资源与优势条件，以确保自身的生存与发展，并逐步提升学术影响力与社会认可度。

然而，随着高校科技期刊发展的不断推进，其所处的阶段与环境发生了显著变化，原有的办刊宗旨可能逐渐显现出不适应性，进而对期刊的持续发展构成制约。在这一背景下，高校科技期刊面临着前所未有的挑战与机遇。传统上，教育部所拟定的办刊宗旨在一定程度上为期刊提供了指导方向，然而其内在的封闭性弊端也日益凸显。这种封闭性不仅限制了期刊的学术视野，还束缚了其在更广泛领域内的探索与发展。因此，随着期刊市场的日益多元化以及高校科技期刊自身的转型需求，重新审视并调整办刊宗旨已成为当务之急。这不仅关乎期刊的学术影响力提升，更是实现其长远发展的关键所在。

二、重新构建高校科技期刊管理体制

高校期刊管理体制作为一个多维度、多层次的复杂系统，其内涵广泛涵盖了产权归属的界定、编辑部性质的明确、隶属关系的梳理、运行机制的构建以及筹资渠道的多元化等多个方面，这些因素共同构成了制约期刊发展的关键因素框架。在这一体制中，高校科技期刊的产权归属问题尤为凸显，通常而言，这类期刊的产权明确归属于主办高校，这种清晰的产权界定在一定程度上为期刊的稳定发展提供了坚实的物质基础与法律保障。然而，产权的高度集中化也带来了一定的负面效应，如地域性封闭倾向，限制了资源的广泛流动与优化配置。

更为复杂的是，高校科技期刊在管理层面上往往面临着多层（涵盖学校、省级、国家级）与多头管理（涉及宣传部门、出版管理部门、科技管理机构等）的困境，加之出版局与科技厅等机构的交叉管理现象，使得期刊在自主经营、创新发展方面受到诸多掣肘。这种管理上的碎片化与重叠，不仅降低了管理效率，还导致明晰的产权在实际操作中被虚化，未能充分发挥其应有的激励与约束作用。

然而，当前高校科技期刊编辑部所面临的体制性困境，严重制约了其发展活力与效能。具体而言，编辑部普遍缺乏对所有权的掌控及经营权的独立行使，这一现状直接导致了办刊积极性的显著缺失及经营策略的保守与低效。编辑部的非法人性质，不仅从法律层面剥夺了其作为独立实体的自主权，更深层次地影响了期刊在决策灵活性、市场响应速度、多元化筹资能力及人员激励机制构建上的潜力发挥，进而制约了期刊内容的创新性与学术影响力的提升。

诚然，高校科技期刊的管理体制与更为宏观的科研管理框架紧密相连，这种嵌入式关系要求任何改革举措都需审慎考量系统内部的相互作用与影响，增加了改革的复杂性与挑战性。尽管如此，改革现行管理体制，赋予编辑部更多自主权与灵活性，仍是实现高校科技期刊长远发展战略、促进其健康可持续发展的关键因素。

三、重新考虑高校科技期刊分类

学术性作为一股主导力量，是制约高校期刊全面发展的重要因素。普遍观察到，不论是研究型高校还是教学型高校，其科技期刊均不约而同地将学术性作为至高无上的追求目标。这种趋势在期刊按学科大类（如自然科学、社会科学、综合版）划分后更为显著，进一步助长了以学术性为唯一导向的办刊倾向。然而，这种单一化的发展模式犹如一座独木桥，严重阻碍了高校科技期刊的多元化与整体进步。更甚者，它脱离了我国高校的实际境况，与高等教育层次安排的初衷背道而驰，亟须引起业界深思与调整。

高等院校依据其职能定位与历史沿革，可被划分为研究型、教学型以及研究型与教学型相结合的三大类别，这一分类体系深深植根于历史积淀、现实需求及社会发展的宏观背景之中。不同类型的高校，在整体科研能力及人才培养目标上展现出显著的差异性，这种差异进一步塑造了各自独特的学术生态与发展路径。具体而言，研究型高校凭借其强大的科研实力，往往将学术期刊的学术性作为核心追求，旨在通过高水平的学术交流推动知识创新。相比之下，教学型高校则可能因资源配置与使命侧重的不同，难以将学术性作为办刊的首要目标。学术性作为期刊的灵魂，其建立与提升需依托高校整体的科研能力与学术水平为基础。然而，当前存在一个普遍的认识误区，即将高校视为学术成就的唯一象征，这种观念导致了学术期刊领域内争抢学术地位、作者资源及高质量稿源的激烈竞争，反而掩盖了真正有价值的学术成果。现实状况是，优质期刊难以脱颖而出，多数期刊徘徊于低质量徘徊，影响了学术传播的效率与深度。

高校科技期刊的学术定位应当根植于主办高校的科研实力与期刊自身的影响力之上。高校的科研能力是期刊内容质量与深度的基石，而期刊的影响力则直接反映了其在学术界的认可度和传播效果。基于此，本书提出以下分类建议：一是，学术类期刊应聚焦于学术理论的深入探讨，致力于追踪前沿动态，推崇创新思维与尖端研究成果的发表；二是，实用类期刊则应承担起解读、消化并转化前沿学术成果的重任，成为连接学术研究与生产、消费领域的桥梁，促进科技成果的有效应用；三是，普及类期刊的目标在于提升广大受众的整体素质，通过传播科学知识，改变并提升人们的思想观念、思维方式及实践技能。明确期刊的类型归属，并通过分类实现内容的精准分流，对于推动高校科技期刊的健康发展具有重要战略意义。

四、重新制定各类高校科技期刊的评价标准

分类并不等于分级。也就是说，将高校科技期刊分为三类，这一分类方式旨在明确各期刊的定位与特色，而非人为地设定其优劣高低。需明确的是，学术研究本身固然存在层次之分，然而这并不意味着科技期刊的价

值也应随之分层。期刊的核心价值在于其传播学术成果、促进知识交流的能力，而非简单地映射学术层次的高低。当前，高校科技期刊评价体系中存在一个显著的问题，即过于偏重学术性而忽视其他重要维度，这导致期刊评价标准的片面性。因此，亟须制定一套全面、科学的评价标准，以引导高校科技期刊的健康发展，纠正当前过于单一化的评价倾向。

在科技期刊评价标准的制订中，应将评价的重心调整至期刊的传播效率与实际效果上，旨在实现更为全面、公正的评价机制。进一步地，评价体系倡导差异化原则，针对不同类别的科技期刊——包括学术类、应用类及普及类——分别制定贴合其特性的评价标准。需强调的是，此类差异化并非意在划分期刊的等级，而是基于它们各自的办刊宗旨与目标定位。其核心目的在于纠正过往以学术性为单一评价尺度的偏向，旨在激发各类期刊的办刊活力，进而推动高校科技期刊整体的繁荣发展。构建这样一套多元化的评价体系是一项复杂的系统工程，需要政府、民间组织及学术界等多方面的共同参与和努力。从战略发展的高度审视，对科技期刊的评价标准进行革新已是大势所趋，势在必行。

第二节　高校科技期刊的特色化发展

目前，我国已跃居全球最大科技论文产出国，然而高校科技期刊的现状却面临诸多挑战。尽管数量众多，但优质稿源匮乏，且专业化和特色化水平亟待提升。这些期刊对于高校学科发展和人才培养的服务能力有限，难以满足"双一流"建设的迫切需求。究其原因，主要在于特色化办刊思路的缺失，导致期刊难以吸引广大读者和作者的关注，进而影响了期刊的健康发展。因此，坚持特色化办刊，成为新时期高校科技期刊谋求生存与发展的核心关键。

一、高校科技期刊特色化发展的困境

在同一学科领域内,科技期刊的特色至关重要,因为缺乏特色的期刊对高质量读者的吸引力相对较弱。鉴于高水平科研人员的时间往往呈现碎片化特点,他们更倾向于迅速筛选并专注于阅读那些具有独特视角和深度的文章。因此,那些未能形成自身特色的期刊,在读者时间紧迫的背景下,大多难逃被从泛读清单中移除乃至最终放弃的命运。此外,对于作者而言,在无特色的期刊海洋中定位适合自己特定研究方向的出版物同样构成挑战,进而影响其研究成果的发表时效与展示度。最终,这些因素共同导致在缺乏特色的期刊上发表的科研成果难以获得应有的关注度和影响力提升。

高校科技期刊缺乏特色化会出现以下问题。

(一)期刊定位无差异

期刊定位是期刊发展的基石,明确而独特的定位有助于期刊形成自身的特色和品牌。然而,当前众多高校科技期刊在定位上呈现出高度相似性,缺乏差异化的战略考量。一方面,许多期刊盲目追求高影响因子和国际化,忽视了自身所在学科领域的特殊性和地域文化的独特性,导致期刊内容与读者需求脱节,难以形成稳定的读者群体和作者队伍。另一方面,部分期刊在定位时未能充分考虑自身的资源禀赋和办刊能力,盲目跟风热点领域,缺乏长远规划和持续发展的动力,致使期刊在激烈的市场竞争中难以脱颖而出。

这种定位无差异的现象,不仅加剧了期刊市场的同质化竞争,也限制了期刊在特定领域或方向的深入探索和专业性提升,进而影响了期刊的学术影响力和社会贡献度。

（二）办刊内容同质化

内容作为期刊的核心，其质量和创新性是衡量期刊价值的关键。然而，高校科技期刊在内容选择上普遍存在着同质化的问题。一方面，由于学科交叉融合的趋势日益明显，不同期刊在选题上容易出现重叠，导致同一研究成果可能在多个期刊上重复发表或报道，降低了期刊内容的独特性和新颖性。另一方面，部分期刊为了追求高引用率和快速发表，倾向于接收热门领域的短期研究成果，而忽视了具有长远价值的基础研究和原创性探索，这种倾向进一步加剧了内容的同质化现象。

此外，编辑团队的专业素养和审稿机制的不完善也是导致内容同质化的重要原因。缺乏专业背景和深厚学术积累的编辑人员难以准确识别和筛选高质量、有深度的稿件，而审稿过程中的主观性和不透明性也可能导致创新性强的稿件被埋没，从而加剧了期刊内容的平庸化。

（三）办刊形式"千刊一面"

除了内容和定位上的同质化，高校科技期刊在办刊形式上也存在"千刊一面"的问题。这主要体现在期刊的版式设计、栏目设置、出版周期等方面缺乏创新和个性化。许多期刊在版式设计上过于保守，缺乏现代感和视觉冲击力，难以吸引年轻学者的关注。在栏目设置上，往往遵循传统的分类方式，缺乏针对新兴研究方向和热点问题的专题策划，导致期刊内容缺乏深度和广度。此外，出版周期的固定化也限制了期刊对时效性强的研究成果的快速响应，降低了期刊的学术活力和影响力。

办刊形式的单一化不仅影响了期刊的吸引力和可读性，也限制了期刊在多元化传播渠道中的适应性和竞争力。在数字化、网络化日益普及的今天，如何通过创新办刊形式，提升期刊的传播效率和互动性，成为高校科技期刊面临的重要挑战。

（四）期刊服务个性化不突出

随着科研环境的不断变化和科研需求的日益多样化，高校科技期刊在提供个性化服务方面显得尤为不足。一方面，期刊对于不同读者群体的需求差异缺乏深入了解，未能提供定制化的内容推送和阅读体验，导致读者满意度和忠诚度下降。另一方面，期刊在作者服务上也存在诸多问题，如审稿周期长、反馈不及时、编辑加工质量参差不齐等，这些都严重影响了作者的投稿体验和创作积极性。

此外，期刊在促进学术交流、搭建科研合作平台方面的作用发挥不够充分。许多期刊缺乏有效的互动机制和交流平台，难以为学者提供深层次的学术讨论和合作机会，限制了期刊在推动学科发展和科研创新方面的潜力。

综上所述，一本没有办刊特色的科技期刊，无论其创刊之初的起点多么高远，主编及编委团队成员的学术声望何其显赫，编辑人员编校能力之强如何被公认，若无法持续吸引并维系读者与作者群体的关注，不能稳定地获取充足且高质量的稿件资源，则该期刊将难以实现其长远发展与持续进步。故而，高校科技期刊的特色化发展战略，已成为当务之急，势在必行。

二、高校科技期刊特色化发展路径

高校科技期刊作为学术研究与知识传播的重要平台，承载着推动科技创新、促进学术交流的重任。在全球化与信息化交织的当下，如何实现特色化发展，成为提升高校科技期刊影响力与竞争力的关键。

（一）借助母体大学学科优势

校科技期刊与其依托的母体大学之间存在着天然的紧密联系，母体大学的学科优势为期刊提供了丰富的内容资源与深厚的学术支撑。

首先，学科交叉融合是当前科研趋势之一，高校科技期刊应充分利用母体大学多学科并存的优势，鼓励跨学科研究论文的发表，促进不同领域知识的交融与创新。例如，通过设立跨学科专栏或举办跨学科研讨会，吸引来自不同学科背景的学者投稿与交流，从而丰富期刊内容的多样性与深度。

其次，依托重点学科打造特色栏目。每所高校都有其特色或重点学科，这些学科往往代表了该校在某一领域的最高学术水平。高校科技期刊应紧密围绕这些重点学科，设立特色栏目或专题，集中展示该领域的最新研究成果与前沿动态，形成期刊的品牌效应。这种策略不仅能够吸引高质量稿件，还能提升期刊在特定领域的学术影响力。

最后，利用母体大学的研究资源。高校拥有丰富的图书资料、实验设备及研究团队，这些都是科技期刊发展的宝贵资源。期刊可通过与校内研究机构合作，获取第一手研究资料，快速响应学术热点，发表具有高时效性和创新性的研究成果。同时，邀请校内知名学者担任编委或顾问，利用其学术影响力吸引更多优质稿源，提升期刊的整体质量。

（二）强化期刊特色化定位

在信息爆炸的时代，明确的特色化定位是高校科技期刊脱颖而出的关键。

首先，精准定位目标读者群。根据母体大学的研究特色与期刊自身的发展目标，明确期刊的目标读者是某一特定学科领域的专家学者，还是跨学科的研究人员，又或是关注科技动态的政策制定者与行业人士。通过精准定位，期刊可以更有针对性地策划内容，满足特定读者群的需求[①]。

---

① 骆筱秋，王晴. 高校科技期刊特色化发展路径探析［J］. 科技与出版，2023（7）：122.

其次，构建独特的学术品牌。品牌是期刊特色化的集中体现，包括期刊名称、封面设计、栏目设置、论文风格等多个方面。高校科技期刊应注重品牌形象的塑造，通过持续发表高质量、有深度的学术论文，以及举办高水平的学术会议、论坛等活动，逐步建立起自己独特的学术品牌，增强读者对期刊的认同感与忠诚度。

最后，注重内容创新与引领性。高校科技期刊应积极追踪国际学术前沿，鼓励发表原创性、突破性的研究成果，特别是在新兴科技领域和交叉学科方向上。通过设立"研究亮点""未来展望"等栏目，及时报道科研新进展，引导学术研究方向，提升期刊的学术引领力。

（三）培育青年科技人才

青年科技人才是科技创新的生力军，也是高校科技期刊持续发展的重要力量。

首先，搭建青年学者展示平台。高校科技期刊应设立专门针对青年学者的栏目或专刊，如"青年学者论坛""新星闪耀"等，为他们提供展示研究成果、交流学术思想的机会。这不仅能够激发青年学者的研究热情，还能为期刊注入新鲜血液，保持内容的活力与创新性。

其次，实施青年编委培养计划。选拔并培养一批有潜力的青年学者担任期刊编委，通过参与期刊的编辑工作，提升他们的学术鉴赏能力、编辑技能及学术网络。同时，青年编委的加入也能使期刊更加贴近青年学者的需求，增强期刊对青年学者的吸引力与凝聚力。

最后，开展青年学者培训项目。高校科技期刊可联合母体大学或其他学术机构，定期举办青年学者科研能力提升班、论文写作与发表工作坊等活动，帮助青年学者掌握科研方法、提升论文质量，为他们未来的学术发展奠定坚实基础。这些培训项目不仅能够提升青年学者的研究能力，还能增加他们对期刊的好感度与忠诚度，为期刊培养潜在的优质作者群。

（四）坚持走"国际化"办刊路线

随着科学研究的全球化趋势日益显著，国际化成为高校科技期刊提升竞争力、扩大影响力的关键策略。

首先，加强国际合作与交流。高校科技期刊应积极寻求与国际知名学术期刊、研究机构及学者的合作，通过共同举办学术会议、联合出版特刊等形式，拓宽国际视野，引入更多国际优质稿源。同时，鼓励国内学者参与国际学术讨论，提升其研究成果的国际认可度。

其次，提升期刊的国际编辑与审稿水平。邀请具有国际影响力的学者加入编辑委员会，参与期刊的策划、审稿及编辑工作，提升期刊的学术质量与审稿效率。同时，采用国际化的审稿标准与流程，确保每一篇发表的论文都达到国际同类期刊的水平，增强期刊的国际公信力。

最后，注重英文出版与国际传播。英文是国际学术交流的主要语言，高校科技期刊应重视英文版的编辑与出版，提升英文摘要及全文的撰写质量，确保语言表述的准确性与流畅性。同时，利用国际知名的学术数据库、出版平台及社交媒体进行广泛传播，扩大期刊的国际影响力与读者群体。

（五）构建期刊主导的学术社区

在信息时代，构建以期刊为主导的学术社区，是促进学术交流、增强期刊凝聚力的重要途径。

首先，建立在线学术交流平台。高校科技期刊应利用互联网技术，建立专属的在线学术交流平台，为学者提供便捷的论文投稿、审稿、发表及讨论渠道。通过平台，学者可以实时交流学术观点、分享研究成果，形成活跃的学术氛围。

其次，组织多样化的学术活动。期刊应定期举办线上或线下的学术研讨会、讲座、工作坊等活动，邀请国内外知名学者进行学术交流，为学者提供展示研究成果、拓展学术网络的机会。同时，通过活动促进期刊与学者之间的互动，增强学者对期刊的归属感与认同感。

最后，构建期刊品牌文化。高校科技期刊应注重品牌文化的建设，通过设计独特的期刊标识、制定统一的视觉风格、塑造独特的学术价值观等方式，形成鲜明的品牌特色。同时，通过持续发布高质量、有深度的学术论文，以及举办高水平的学术活动，逐步建立起期刊在学术界的权威地位与良好口碑。

（六）服务集约化以建立品牌

在市场竞争日益激烈的背景下，高校科技期刊应通过服务集约化，提升运营效率与服务质量，从而建立起具有竞争力的品牌。

首先，优化资源配置。期刊应合理配置人力、物力及财力资源，确保编辑、审稿、出版等各个环节的高效运作。同时，加强与母体大学及相关研究机构的合作，共享资源，降低运营成本，提升期刊的整体竞争力。

其次，强化服务意识与创新能力。高校科技期刊应树立以作者和读者为中心的服务理念，关注他们的需求与反馈，不断优化服务流程与内容。同时，鼓励期刊编辑及工作人员积极创新，探索新的服务模式与手段，如提供个性化的论文推荐、定制化的学术资讯服务等，提升作者的投稿体验与读者的阅读体验。

再次，实施品牌营销策略。高校科技期刊应制定科学的品牌营销策略，通过多渠道、多形式的宣传与推广，提升期刊的知名度与美誉度。例如，利用学术会议、研讨会等场合进行期刊展示与宣传；与国内外知名学术机构、学者建立合作关系，共同推广期刊；利用社交媒体、学术论坛等网络平台进行广泛传播，吸引更多潜在作者与读者。

最后，注重品牌维护与持续发展。高校科技期刊应建立品牌维护机制，定期评估期刊的品牌形象与影响力，及时发现并解决问题。同时，关注学术动态与市场需求的变化，不断调整期刊的定位与策略，确保期刊的持续发展与品牌价值的不断提升。

总而言之，高校科技期刊在当前学术环境中亟须探索一条特色化的发展路径，以强化其学术地位与影响力。依托"卓越计划"所提供的经济保障，期刊应主动与国内外一流期刊开展深入交流，借鉴先进经验。在此基础上，重新布局期刊定位与发展战略，精准谋划，以吸引并获取优质稿源。坚持走中国特色科技期刊发展道路，形成独具个性的高层次服务模式，深度融入科学研究过程。通过这一系列举措，凸显高校学科特色与期刊办刊宗旨，最终打造具有鲜明品牌特色的期刊，全面提升其学术影响力。

第三节　高校科技期刊的高质量发展

高质量发展是中国式现代化的首要任务，也是解决新时代社会主要矛盾的钥匙。各行各业都在追求高质量发展，高校科技期刊高质量发展也是新时代解决高校科技期刊发展困境的必由之路。探寻高校科技期刊高质量发展的关键因素及驱动机制，可为高校科技期刊促转型、助发展、扩影响注入强大动力。

一、高校科技期刊高质量发展驱动机制的相关理论

（一）系统动力学理论

系统动力学理论，起源于 1956 年福瑞斯特的开创性研究，着重于解析系统结构及其内部组分的相互影响，倡导从整体结构视角出发，系统性地解决复杂问题。在高校科技期刊发展这一领域，该系统构成尤为复杂，涵盖了驱动力系统、多个驱动子系统及其细分的各种因子，这些要素间形

成了紧密且错综复杂的联系，彼此相互作用，共同推动期刊的发展。为了促进高校科技期刊的高质量发展，有必要借鉴系统动力学理论，深入剖析其发展驱动机制的内在逻辑关系与运作机理，从而为期刊的持续发展提供理论支撑与实践指导。

（二）利益相关者理论

利益相关者，指的是那些与企业或组织存在直接或间接利益关联的个人及群体。利益相关者理论则着重强调，应充分重视并有效满足这些利益相关者的多元化利益需求，确保利益的公平合理分配。对于高校科技期刊而言，其利益相关者主要包括政府、高校、读者、作者以及编辑出版人员等多个群体。为了实现高校科技期刊的高质量发展，必须制定并实施科学合理的发展策略，切实保障各方利益得到有效维护，并充分调动各利益相关者的积极性与参与度。

二、高校科技期刊高质量发展驱动力分析

在参考借鉴现有研究成果和系统动力学理论、利益相关者理论的基础上，可以将我国高校科技期刊高质量发展的驱动系统划分为推动力驱动系统、吸引力驱动系统、支持力驱动系统、中介力驱动系统，分别形成驱动高校科技期刊发展的推动力、吸引力、支持力、中介力。

（一）推动力

推动力驱动系统构成我国高校科技期刊高质量发展的外部驱动系统，对高校科技期刊发展形成强有力的推动力。在这一系统中，政府的发展政策扮演着至关重要的角色，它不仅为科技期刊的发展提供了宏观指导，还通过政策引导有效调节期刊的供给结构，旨在更好地满足市场需求，进而推动整个科技期刊行业的蓬勃发展。与此同时，主管部门的管理政策、生

态环境的优化、主办单位的管理策略以及市场需求的动态变化，均构成了驱动系统中的关键要素。这些因子并非孤立存在，而是相互交织、共同作用，直接或间接地推动科技期刊不断向前发展，并显著提升了高质量期刊的供给能力[①]。在这些驱动因子的综合效应下，一个协同推进、互利共赢的良性循环逐渐形成，共同助力高校科技期刊的高质量发展。鉴于此，期刊主办者应积极争取政策支持，深入挖掘并激发期刊的多维价值，通过品牌建设等策略，实现期刊在学术影响力、社会效益与经济效益等多个维度上的全面跃升。

（二）吸引力

在探讨高校科技期刊的高质量发展路径时，吸引力驱动系统作为一个核心的内部牵引力机制，发挥着至关重要的作用。这一系统不仅激发了期刊发展的内在活力，还促进了其向更高层次的跃升，形成了持续且稳定的内生动力。深入剖析其驱动因子，我们发现资源禀赋、业态与产品的创新性、品牌形象的影响力以及期刊质量的卓越性，共同构成了高校科技期刊吸引市场关注与认可的关键要素集。这些要素以综合效应的形式，对高校科技期刊的高质量发展起到了决定性的推动作用。

进一步地，期刊的价值与功能作为直接驱动力，为其高质量发展提供了源源不断的动力源泉。通过要素聚集，即汇聚优质内容、精细编校、创新出版形式及高品质的印制质量，高校科技期刊能够有效吸引并留住广大读者与作者群体，进而刺激其投稿动机与决策过程。此外，高校科技期刊还应充分利用其地理与资源优势，积极吸纳并展示高校的学术成果，为期刊的高质量发展注入更为强劲的动力。

---

① 张铁明，刘志强，陈春莲. 我国高校科技期刊高质量发展的政策环境分析 [J]. 科技与出版，2021（9）：10.

（三）支持力

支持力驱动系统在高校科技期刊的高质量发展中扮演着至关重要的支撑性角色。这一系统通过一系列驱动因子的综合作用，为期刊的稳健前行提供了坚实的基础。从物质形态的视角出发，我们可以将这些驱动因子细分为硬环境和软环境两大类。

硬环境系统构成了期刊发展的基础硬件。其中，期刊采编系统的高效运作确保了稿件的快速处理与精准筛选；数字化出版水平的提升则极大地拓展了期刊的传播范围与影响力；办公设施的完善为编辑工作提供了良好的环境；而资金的支持更是期刊运营不可或缺的物质保障。这些因素共同构成了期刊发展的基石，为其提供了稳定而有力的基础性支撑。

软环境系统则作为辅助提升要素，对期刊的进一步发展起到了至关重要的推动作用。数字化出版水平的不断创新，使得期刊能够紧跟时代步伐，满足读者多样化的阅读需求；出版单位管理水平的提升，确保了期刊运营的规范化与高效化；编辑人员、作者和读者的积极参与，以及高校师生的广泛支持，为期刊注入了源源不断的活力；而人才培养与扶持政策的实施，更为期刊的持续发展储备了丰厚的人才资源。这些因素共同作用于期刊的传播力与影响力，推动其在学术领域取得更加显著的成就。

（四）中介力

中介力驱动系统，作为一个连接高校科技期刊与广泛期刊需求市场的桥梁，承载着促进信息流通与资源优化配置的重要职能。该系统不仅是一个多维度的构架，还囊括了期刊传播力的增强、宣传推介策略的实施以及与数据库的深度合作等多个方面。在其子系统划分中，宣传推介模块尤为关键，它融合了传统推介手段的稳健性、新媒体推介的创新性以及数字化传播的广泛性，共同构建起期刊形象与信息的高效传递网络。

此外，中介机构如数据库、期刊行业协会及线上网络平台，作为信息交流的节点，发挥着不可替代的作用。它们不仅促进期刊向市场传递业态动态、产品特色与服务优势，有效激发潜在作者的投稿兴趣与公众关注度，还承担着市场向期刊的逆向反馈功能，即收集并分析市场需求信号，指导期刊在业态布局、产品创新与服务质量上的精准调整。

从上述分析可知，高校科技期刊高质量发展的驱动系统由推动力、吸引力、支持力、中介力四个子系统组成，各子系统内部的驱动因素相互联系、彼此影响，形成互动互联的驱动机制，共同驱动高校科技期刊向高质量发展迈进。

三、我国高校科技期刊高质量发展的路径探索

（一）发挥资源禀赋作用，打造期刊品牌

高校科技期刊，依托其所在的高等学府，天然禀赋着丰富的科研成果与高端人才资源。为实现可持续发展，首要任务在于明确发展目标，将高校的科研与人才优势有效转化为推动期刊发展的强劲动能。在此基础上，期刊需积极吸引并筛选优质稿源，同时汇聚更多学术精英，形成学术交流的良性循环。此外，提升出版管理水平，确保期刊内容的高质量与出版流程的高效性，是不可或缺的一环。最终，通过精准定位与持续努力，着力打造具有鲜明特色与广泛影响力的期刊品牌。

一方面，高校科技期刊应充分利用处于高校这一资源优势，积极与学校相关部门对接，挖掘学校的人才资源与科研资源，广泛吸纳学校知名教授、一线科研人员深度参与期刊运作，将学校"智囊团"的引领作用充分融入高校科技期刊高质量建设中。同时，高校科技期刊应紧密对接区域优势产业，通过吸纳这些产业中的优质科研成果，形成产学研的良性互动。这种资源的高效整合与利用，不仅能够提升期刊的学术质量，还能促进地方经济的科技发展，实现互利共赢。

另一方面，高校科技期刊在激烈的市场竞争中，必须坚持差异化、特色化的发展道路，以打造易于识别且深受读者喜爱的期刊品牌。品牌建设不仅关乎期刊的形象与声誉，更是吸引优质稿源和读者群体的重要途径。同时，期刊应高度重视质量管理，始终将优质内容作为服务科技工作者的核心。通过加强选题策划，确保每一期刊物都能紧扣学术前沿，满足读者的阅读需求。此外，还应充分发挥编委会的学术质量把关作用，从源头上保障期刊的高质量发展，为科技期刊的长远发展奠定坚实基础。

（二）推进融合发展，创新产品供给

媒体融合、数字化出版实现了科技期刊的传播力和影响力快速提升。高校科技期刊要加快媒体融合步伐，推动"出版＋"跨产业融合发展，创新数字出版产品供给，将期刊资源优势转化为发展优势，实现新旧动能转换，不断提升高校科技期刊媒体融合水平和数字出版效能。

网络技术的快速发展使期刊出版在编辑、审稿、排版、传播等诸多方面都面临着数字化转型的问题。高校科技期刊要实现高质量发展目标：一是要积极利用数字化出版的显著优势，致力于构建一个全流程的数字化出版平台。这一平台应涵盖从稿件投稿、编辑加工到出版发行等各个环节，实现编辑出版流程的全面网络化与一体化服务，从而大幅提升出版效率与质量。利用数字化出版优势，搭建从投稿、出版到发行的全流程数字化出版平台，实现编辑出版流程的网络化、一体化服务；二是要积极推进媒体融合进程，充分利用包括微信公众号、微博、短视频等在内的多元媒体平台，为读者提供更为丰富、多样的服务体验。通过此举，可以确保科技期刊知识服务的即时性、便捷性与个性化，进而构建一个涵盖广泛、功能全面的知识服务体系，为学术交流与知识传播提供有力支撑。

（三）加强与各大数据库的合作

在当今信息化时代，各大数据库已日益成为学术界查询与获取资源的主要途径，其重要性不言而喻。对于高校科技期刊而言，与这些数据库的合作无疑具有显著的优势。通过深度合作，高校科技期刊能够充分利用数据库的技术与平台，实现自身数字出版能力的跃升，进而拓宽传播渠道，增强期刊的学术影响力。

在此基础上，高校科技期刊应持续深耕国内数据库资源，尤其是争取被知名数据库收录。这一过程不仅能形成良性循环，提升期刊的知名度和影响力，还能吸引更多优质稿源，为期刊的高质量发展奠定坚实基础。被知名数据库收录，意味着期刊得到了学术界的广泛认可，这将进一步激发作者投稿的积极性，形成期刊与作者之间的良性互动。

然而，仅依靠国内数据库还远远不够。鉴于当前国内数据库同质化现象严重，影响力相对有限，高校科技期刊还需积极拓展国际合作，加强与国际知名数据库（如"EI""SCI""Medline"）的紧密联系。通过与国际接轨，高校科技期刊能够进一步提升其国际影响力，为学术交流与知识传播搭建更为广阔的舞台。

总而言之，高校科技期刊高质量发展应全面考虑各因素产生的驱动效应，既要重视期刊资源禀赋在发展中的作用，提供更加多样化的产品供给；同时也要积极争取相关政策的支持，加快媒体融合的步伐，全方位提升科技期刊的传播力和影响力。

第四节　高校科技期刊的区域协同发展

一、新媒体视域下高校科技期刊的特征

网络的普及和新问题的出现带来了一种全新传播规则的改变，这种改变并非局部变动，而是一场全局性、革命性的改变。

第一，传统的期刊特征弱化。传统高校科技期刊以纸质为载体，强调

内容的权威性、专业性及学术价值，其出版周期长、信息更新慢，且受地域限制明显。然而，网络新媒体的兴起，特别是开放获取（Open Access）理念的普及，使得学术论文的在线发布成为可能，极大地缩短了学术成果的发布周期。在此背景下，传统期刊的"稀缺性"与"权威性"特征被逐渐弱化。一方面，学术资源的获取不再受制于物理获取途径，学者可通过互联网轻松访问全球范围内的最新研究成果；另一方面，学术评价体系的多元化发展，使得影响力不再单纯依赖于期刊的品牌与历史积淀，而更多关注于文章本身的质量与影响力。

第二，信息多样化流向。网络新媒体提供了文字、图像、音频、视频等多种媒介形式，极大地丰富了学术信息的表达方式与传播途径。高校科技期刊借此机会，不仅可发布传统的学术论文，还能通过多媒体手段展示实验过程、数据分析、模拟演示等，增强了学术内容的可读性和吸引力。此外，社交媒体、博客、论坛等新兴平台的涌现，为学术信息的传播开辟了新的渠道，使得学术成果能够更快速、更广泛地触达目标受众，促进了学术交流的多样化和深入化。

第三，数字化转型特征凸显。数字化与网络化技术的融合，促使高校科技期刊从传统的"订阅出版"模式向"按需出版""数据出版"等新型模式转变。数字化出版不仅降低了生产成本，提高了出版效率，还使得期刊内容能够及时更新，满足学者对时效性的需求。同时，网络化平台为期刊提供了强大的数据分析工具，编辑部可依据用户行为数据，精准定位读者群体，实现内容的个性化推荐，增强用户黏性。此外，数字化还促进了跨学科合作，通过链接不同领域的研究资源，为解决复杂问题提供了综合视角。

第四，竞争压力增大。随着网络新媒体环境下学术传播生态的变革，高校科技期刊面临着前所未有的竞争压力。一方面，国内外期刊数量的激增导致市场空间拥挤，期刊需不断提升内容质量与服务质量以吸引读者与作者；另一方面，开放获取模式的推广，使得学术资源获取门槛降低，读者对期刊的选择更加挑剔，期刊必须依靠独特的学术价值、创新的内容呈现方式以及高效的服务机制来脱颖而出。此外，新媒体技术的快速发展也要求期刊编辑部不断学习新技术，优化出版流程，以适应快速变化的市场需求，这无疑加剧了期刊之间的竞争态势。

二、高校科技期刊区域协同发展模式

借鉴相关研究成果,本书提出媒体融合下高校科技期刊区域协同发展模式。

（一）协同发展模式的架构分析

在当前网络新媒体迅猛发展的背景下,针对高校科技期刊面临的挑战与机遇,我们创新性地提出了一种省域内多媒体融合的区域协同发展模式。该模式旨在通过深度整合区域内同类期刊的资源与优势,构建起一个统一、高效的数据库和宣传推广平台,从而全面提升期刊的影响力、学术价值及出版质量。这一发展模式可细分为两个关键阶段:先行期与深度联合期。在先行阶段,着重以"稿件"为核心,通过建立柔性的出版机制,实现稿件的标准化、规范化处理。同时,构建区域性的大型信息库,为论文的统一网络发行及信息推送奠定坚实基础,以此推动区域内期刊的初步整合与协同发展。

在协同出版模式已然成熟并持续运行的背景下,探索并构建一种更为紧密的深度联合出版模式,成为推动区域高校科技期刊协同进步的最高目标。此目标的实现,需依赖于一系列关键举措的实施。首要任务在于,逐步构建一套统一且高效的出版管理机制,涵盖出版流程的标准化、出版质量的严格管理与科学评价体系。同时,推进人员配置的优化与业务流程的重组,实现资金的集中管理和有效利用,从而为高校科技期刊出版集团的初步成型奠定基础,促进其向集团化、规模化、网络化的方向迈进。深度联合的内涵远不止于论文的简单整合，它更强调从稿件征集的初始阶段，到稿件的精准分发与分散处理，再到编辑加工、细致校对、出版发行、国际学术交流，以及全方位的质量监控等各个环节的深度融合与无缝对接。这样的深度联合，旨在通过全方位、深层次的协作，全面提升高校科技期刊的出版质量与影响力，为学术研究与知识传播贡献更为坚实的力量。

（二）协同出版模式先行期的内涵

在当前信息爆炸的时代，读者对于科技信息的获取提出了更高要求，他们渴望以方便、实时且免费的方式，掌握最新、最全面的科技动态。高校科技期刊，作为学术研究与知识传播的重要载体，蕴藏着海量且优质的论文资源，是满足这一需求的宝贵基石。在协同出版先行期，根据现今我国高校科技期刊的特殊性，在不改变期刊现有管理与出版机制的前提下，创新性地以"稿件"为核心进行整合。通过构建基于 Web 的 OA 论文数据库，并同步开发移动端 App 与微信公众平台，形成多维度、全方位的信息传播网络。在信息流程上，编辑出版单位将已发表或确定发表的稿件及相关信息传送至协同中心，由协同中心对稿件进行精细化分类、加工、遴选及设计重构。随后，这些经过精心处理的信息将被分送至 Web 端 OA 数据库、官方网站以及移动网络平台，确保读者能够随时随地、轻松便捷地获取到最新的科技信息。

第一，以统一的协同网站为基础，建立专业化、规模化、现代化的 OA 论文数据库。高校科技期刊的主要产品是"论文"，近年来面临着影响力与品牌效应下滑的严峻挑战。为有效应对这一问题，构建免费的特色科技论文数据库成为提升期刊影响力的关键策略。通过优化搜索引擎技术，提高论文的检出率、利用率及引用率，不仅能够增强单篇论文的可见度，还能在整体上提升个刊的学术影响力和社会认可度。然而，当前市场上的大型数据库多侧重于服务机构用户,限定了通过指定 IP 的免费访问,这在一定程度上限制了知识的广泛传播。相比之下,中小型专业数据库展现出独特的灵活性与专业性优势。随着开放获取(OA)成为科技论文数据库发展的主流趋势,众多期刊通过自建网站或加入 OA 平台,实现了论文资源的公开获取。但现有的 OA 平台大多停留在简单的物理集合层面,缺乏深度的数据挖掘、内容整合及用户导向的人性化服务。值得注意的是,当前高校科技期刊领域缺乏一个综合性的 OA 论文库,期刊间合作不足,资源分散。因此,构建一个专注于高校科技期刊、集精、专、快于一体的 OA 论文库,将有效促进学术交流,提升期刊整体竞争力,推动学术资源的优化配置与高效利用。

第二,充分利用移动网络平台,开发移动终端应用软件。随着智能手机、平板电脑等移动终端设备的广泛普及,移动网络平台和应用程序(App)迎来了前所未有的高速发展时期。移动网络平台以其显著的传播时效性、直观的受众反馈机制以及便捷的数据挖掘与分析能力,已经成为当今社会重要的信息获取与交流途径。众多大众媒体已经敏锐地捕捉到这一趋势,纷纷建立了微信公众平台并开发了专属的应用软件,以拓展其传播渠道和增强用户黏性。然而,在移动平台应用方面,高校科技期刊却显得相对滞后。目前,高校科技期刊在移动平台上的布局较少,微信公众号和 App 均较为罕见。移动互联网阅读往往呈现出浅阅读、信息碎片化的特点,但用户仍可通过链接等方式获取到完整的信息资源。对于高校科技期刊而言,建立微信公众平台和 App 不仅可以树立期刊形象、扩大影响力、推广品牌,还能极大地方便与读者、作者的联系,成为推送高质量学术论文的重要手段。从技术层面来看,申请微信公众号和制作 App 的技术难度并不大,且统一开发能够有效降低成本。

三、高校科技期刊建立区域协同发展模式的基础

（一）背景与出身：共性与融合的优势

从管理体制的层面深入剖析,高校科技期刊呈现出一种鲜明的"共性"特征。这些期刊大多由省教育厅（或国家部委）主管,并依托高校作为主办方,这样的管理模式为期刊之间的协同合作奠定了坚实的组织基础。在期刊内容方面,高校科技期刊与高校的学科设置紧密相连,几乎每一本期刊都能找到与其对应的学科背景,这种学科覆盖的广泛性虽然在一定程度上削弱了单一期刊的专业深度,但同时也为期刊间的资源整合与互补提供了可能。

值得注意的是,尽管高校科技期刊在学科覆盖上表现出宽泛性,但它们之间往往存在多个相近或相同的栏目。这一特点为期刊的融合发展提供了宝贵的契机。通过稿件融合,不同期刊间的相似栏目可以形成合力,共同打造出具有集团优势的栏目集群,从而有效摆脱单一期刊、单个栏目在学术影响力上的局限性。在网络环境日益成熟的今天,传统期刊的栏目特色和期刊风格逐渐被弱化,而多家科技期刊的稿件融合则能够通过"同类项合并"的方式,重新塑造和强化期刊的品牌特色。

（二）组织与领导：行业协会的引领与协调作用

在高校科技期刊区域协同发展模式的构建中,行业协会的作用不容忽视。中国大学出版社协会、中国高校科技期刊研究会等相关行业协会,作为行业内的权威机构,应积极发挥其引领和促进作用,为高校科技期刊的健康发展提供有力的支持和保障。

在省域层面,各高校科技期刊作为省高校科技期刊研究会的会员单位,可以依托这一平台实现更为紧密的合作与协同。省高校科技期刊研究

会应充分发挥其组织和领导作用，制定统一的管理制度，建立高效的运行模式，并建设统一的网站作为信息交流和资源共享的平台。通过这些措施，不仅可以协调各期刊之间的论文信息推送工作，还能有效促进期刊间的资源整合与优化配置，从而实现区域协同发展的目标。

（三）经验与借鉴：成功案例的启示

在探索高校科技期刊区域协同发展模式的道路上，我们并非孤军奋战。虽然目前尚未出现综合运用 Web 端网站、数据库以及移动端社交软件、App 应用软件的科技期刊集群，但国内已有多所高校在 Web 端建立了自己独立的学术性期刊群网站，这些网站不仅展示了高校的学术成果，也为期刊之间的协同合作提供了初步的平台支持。此外，由行业学会主办的专业性期刊集群，如中华医学会系列期刊群，以及由科研院所主办的期刊群网络出版平台，都已在实践中取得了显著成效。这些专业科技期刊群的建设和实践，不仅极大地推动了我国科技期刊的集团化、网络化发展，更为我们构建高校科技期刊区域协同出版模式提供了宝贵的经验和重要参考。

这些成功案例表明，通过整合资源、优化配置，可以实现期刊之间的优势互补和协同发展。同时，它们也为我们提供了可借鉴的管理模式和运行机制，如统一的稿件处理系统、协同的编辑流程、共享的资源库等。这些经验和模式对于构建高校科技期刊区域协同发展模式具有重要的指导意义，我们可以在此基础上进行创新和优化，以更好地适应高校科技期刊的发展需求。

（四）技术与保障：突破瓶颈，迎接挑战

从技术和保障的角度来看，当前计算机和网络的发展水平已经足以支持建立以"稿件融合"为核心的高校科技期刊协同出版模式。然而，技术并非唯一的制约因素。在实际操作中，办刊观念、管理体制、资金、人才

等方面的瓶颈同样不容忽视。

为了突破这些瓶颈，我们需要首先打破传统的办刊观念，树立与时俱进的办刊思想。这要求我们从传统的纸质出版向数字化转型，积极拥抱新媒体技术，探索新的传播方式和盈利模式。同时，我们还需要建立网络背景下的管理体制和运行机制，以适应新媒体环境下的发展需求。这包括完善的稿件处理系统、协同的编辑流程、高效的资源共享机制等。

此外，资金来源和人才培养与引进也是制约科技期刊与新媒体融合的重要因素。我们需要积极争取政府、高校和社会各界的支持，拓宽资金来源渠道，为期刊的数字化转型和新媒体建设提供充足的资金保障。同时，我们还需要加强人才培养和引进工作，培养一批既懂传统出版又懂新媒体技术的复合型人才，为期刊的数字化转型和新媒体建设提供有力的人才支持。

第四章 高校"双一流"建设创新与成效评价

第一节 高校"双一流"建设逻辑与范式创新

高校"双一流"（世界一流大学和一流学科）建设，既继承了中国高等教育创建世界一流的历史经验，也吸收了世界一流大学成长崛起的国际智慧。在"扎根中国大地办大学"的根本要求下，要完成高校"双一流"建设的规划目标，除了完成"双一流"建设的公认指标，迫切需要创新中国高等教育的发展范式，从而实现"质"的飞跃。

一、高校"双一流"建设的逻辑述要

高校"双一流"建设方略的出台，本质上是一个将实践探索与理论创新紧密结合的动态过程。回望历史，中国大学的发展轨迹经历了从初期借鉴西方教育模式，到学习苏联经验，再到改革开放后积极吸收美国高等教育精髓并广泛采纳全球优秀教育成果的多个阶段。当前，"双一流"建设在继承世界高等教育先进经验的基础上，致力于开创符合中国国情的发展道路。这一过程不仅体现了"四个自信"——即道路自信、理论自信、制度自信和文化自信，也为全球高等教育的发展贡献了中国智慧与中国方案。

（一）高校"双一流"建设的历史逻辑

众所周知，西方高等教育的起源可追溯至中世纪，彼时其主要职能是为宗教培养神职人员，意大利的博洛尼亚大学、英国的牛津大学以及后来美国的哈佛大学等著名学府，均在这一时期奠定了其深厚的历史根基。随着欧洲工业革命的兴起，社会对于科技与工程人才的需求急剧增加，英国、法国等国率先对高等教育进行了深刻的改革，转变教育范式，以培养实用型科技人才为目标，这一变革不仅适应了当时社会经济发展的需求，也引领了世界近代高等教育的发展方向。进入 19 世纪，德国通过柏林大学的改革，开创了学术自由型的高等教育范式，强调大学的自由探索与自治精神，这一创新举措极大地激发了学术研究的活力，使得德国迅速崛起为世界高等教育的一极。随后，在 20 世纪初，美国威斯康星麦迪逊大学提出了高等教育应服务于社会发展的新范式，恰逢两次世界大战期间，美国吸纳了全球大量顶尖人才，进一步巩固了其在世界现代高等教育领域的领先地位。纵观世界高等教育史，每一次质的飞跃无不伴随着高等教育范式的推陈出新。因此，对于中国高等教育而言，要实现"双一流"的宏伟目标，首要任务在于探索并达成新的范式创新，以此推动高等教育的内涵式发展，为国家和社会的长远发展提供坚实的人才支撑与智力保障。

高校"双一流"建设作为当前中国教育领域的崭新概念，其出现是历史演进的必然结果。回溯至 19 世纪末、20 世纪初，随着西风东渐的文化交流趋势，中国开始积极借鉴西方经验，着手建立现代高等教育体系。这一时期的代表性高校，如北洋大学堂、京师大学堂等，均是在此背景下应运而生的产物，它们为中国高等教育的萌芽与发展奠定了坚实基础。进入民国时期，中国高等教育进一步开放，学习并融合了多国经验，逐渐建立起一个多元化的高等教育体系。然而，由于历史条件的限制，当时的高等教育水平仍处于初级阶段。中华人民共和国成立后，为了适应社会主义计划经济体制的需要，中国高等教育进行了大规模的院系调整，学习苏联模式，建立起一套全新的大学体系，并在此过程中产生了"重点高校优先"的发展模式。改革开放后，中国再次放眼世界，学习多国高等教育经验，深刻总结过去，推出了"985工程""211工程"等一系列重大建设举措，为"双一流"建设的提出与实施奠定了坚实基础。

2015年国务院印发《统筹推进世界一流大学和一流学科建设总体方案》，提出加快建成一批世界一流大学和一流学科。2017年、2022年，教育部分别公布第一批和第二批高校"双一流"建设名单。从历史逻辑上看，高校"双一流"建设是对"985工程""211工程"的继承与发展、优化与提升，是中国高等教育发展史上的新起点。

（二）高校"双一流"建设的价值逻辑

纵览世界高等教育史，可以清晰辨识出三种截然不同的办学资源投入逻辑：一是以德国为代表的公平主义，它追求教育资源的平等分配，视之为实现社会公正的重要途径；二是以美国为典型的效率主义，强调教育资源的优化配置与高效利用，旨在通过市场竞争机制提升教育质量；三是中国所践行的公平兼顾效率原则，力求在保障教育公平的基础上，不断提高教育效率与质量，体现了独特的中国智慧与道路选择①。公平主义虽被视为高等教育的理想模式，但其实现需以坚实的经济实力为基石，这对任何国家而言都是一项严峻挑战。展望未来，中国高等教育将继续秉持公平兼顾效率的原则，不断探索适应时代需求的发展路径。高等教育观的核心在于"为谁培养人、培养什么人、怎样培养人"的深刻思考。而中国高等教育的价值逻辑，则可精炼为"扎根中国大地办大学"，其本质在于扎根人民、服务人民，旨在培养能够担当民族复兴大任的时代新人。

---

① 钟建林."双一流"建设的历史理路、现实审思与未来路向[J].东南学术，2018（3）：115-122.

（三）高校"双一流"建设的目标逻辑

高校"双一流"建设的目标逻辑，有两层含义：一是"办好中国的世界一流大学，必须有中国特色"，二是达成高校"双一流"建设的本质，即培养世界一流人才[①]。可见，高校"双一流"建设的目标逻辑是形成具有中国特色、能够培养世界一流人才的高等教育建设能力。"特色"与"一流"有联系又有区别。"中国特色不等于高水平，特色学科也不等于一流学科。"[②]"一流"是指同类项中的最优项，"特色"是指同类项中的独有项。

"所谓世界一流大学，应具备三组互为补充的要素群：人才汇聚、资源丰富和管理规范。"[③]"双一流"建设则更加聚焦于构建大学生态群、学科生态群及人才生态群，旨在形成协同创新与持续发展的生态系统。高等教育卓越表现体现在多个维度，包括卓越的思想贡献、众多跻身世界一流行列的大学、培养出类拔萃的人才、产出一流的科研成果，以及展现卓越的社会服务能力，并且这些要素在不同领域和地域间分布相对均衡。"双一流"的内涵在于致力于建设世界一流的大学与学科，培养具备一流素质与创新能力的人才，同时科学配置并严格评估一流的教育资源。

二、高校"双一流"建设范式创新

高校"双一流"建设需要紧紧围绕核心要素，突出自身特色，以实现教育质量的飞跃性提升。当前，国内学术界普遍认为，"双一流"建设的

---

① 马源.中国高等教育"双一流"建设的演化、探索与展望 [J].四川理工学院学报：社会科学版，2019，34（4）：70-87.

② 郭书剑."双一流"建设理论研究与实践探索——《江苏高教》2018 年高层论坛综述 [J].江苏高教，2018（6）：1-5.

③ 王琪，程莹.世界一流大学：共同的目标 [M].上海：上海交通大学出版社，2013：2.

本质在于打造具有全球竞争力的世界一流大学①。这一目标的具体表征涵盖了一流学科的建设、顶尖专家的汇聚、优秀生源的吸纳、先进办学理念的贯彻、卓越科研成果的产出、高素质专业人才的培养、新知识的持续创新以及品牌影响力的不断扩大。这一系列标准与世界大学排行榜的评价体系有着密切的关联,共同构成了衡量世界一流大学的重要尺度。然而,对于世界一流大学的定义,学界仍存在争议。如约翰·冯等学者主张,世界一流大学应具备广泛的学科覆盖领域,并在各个领域内提供顶级的教育质量。但这也引发了对于学科领域不广泛却在特定领域内具有卓越表现的高校(如加州理工学院等)是否应被认定为世界一流大学的讨论。事实上,世界一流大学不仅是教育与科技的摇篮,更是思想策源之地、知识创新的前沿阵地、社会发展的引领者以及文明精神的家园②。因此,在"双一流"建设的过程中,高校应更加注重范式的创新。

(一)范式创新的核心

"双一流"建设的必然性根植于中国高等教育发展的内在逻辑与外在需求的交汇点,它是我国高等教育迈入新阶段的必然选择,亦是中国经济社会发展步入新时代的迫切呼唤。这一战略不仅是对当前教育格局的深刻洞察,更是对未来发展趋势的前瞻布局。

其本质在于,通过一个动态拓展与不断深化的进程,旨在激活并引领中国高等教育的全面深化改革,从而构建起一套高质量、富有活力的教育体系,并探索出一种革命性的教育范式。这一过程绝非简单的身份赋予或表面装饰,而是作为推动中国高等教育深植本土、特色发展的金钥匙和强大引擎。

---

① 王平祥,刘辉,谢书山,等. 高质量推进"双一流"建设的探索与实践 [J]. 高等农业教育,2020,1(1):18-21.

② 王平祥.历史演进视域下世界一流大学本质特点与建设路径 [J]. 高等农业教育,2021,2(1):3-7.

"双一流"建设的深远意义，在于它致力于打造一个多元化、结构合理的高等教育生态体系，促进各类院校协同共生，形成良性互动的教育生态。而该战略的核心则聚焦于范式创新，既开创具有鲜明中国特色、又能为全球高等教育发展提供有益镜鉴的新范式。范式创新不仅是"双一流"建设的关键所在，更是其长远目标和最大着力点，对于提升我国高等教育的国际竞争力和影响力具有不可估量的价值。

（二）须着力"化育人文"

高等教育作为社会进步的重要引擎，承载着人才培养、知识创新以及服务社会这三大核心职能，它们共同构成了高等教育系统的基石。随着时代的发展，高等教育的范式创新与职能拓展呈现出相辅相成的紧密关系，意味着教育模式的革新往往伴随着职能边界的延伸。然而，审视中国高等教育的发展历程，不难发现，其系统长期处于一种学习模仿的状态，这在一定程度上限制了原创性与自主性的发展。在此背景下，"双一流"建设的提出，旨在通过实现范式的根本性创新，来推动高等教育基本职能的进一步拓展。2017 年，中共中央、国务院印发《关于加强和改进新形势下高校思想政治工作的意见》，提出："高校肩负着人才培养、科学研究、社会服务、文化传承创新、国际交流合作的重要使命。"这一战略不仅要求在传统职能上精益求精，更呼吁探索并融入新的职能维度，如文化传承创新与国际交流合作，以期在全球化语境中增强中国高等教育的国际影响力和文化软实力。尽管如此，当前新增的职能虽在一定程度上丰富了高等教育的内涵，但在独立性及深刻反映高等教育本质特征方面仍显不足。这些新增职能更多地表现为外在的附加任务，而非源自高等教育内部逻辑的自然生长，因此它们单独而言并不足以催生真正意义上的范式创新。范式创新要求我们必须为高等教育赋予相对独立且具有深远意义的新职能，这些职能应能够触及高等教育的核心价值，引领其走向更加自主、创新的发展道路。

其实，纵览世界局势及虚拟社会发展情态，高等教育已面临一个新职能，即"化育人文"的职能，这一职能超越了传统角色定位，旨在引领人类思想、文化和道德的深层发展方向，积极服务于"构建人类命运共同体"的宏大愿景。尽管高等教育已承担起教育、创新及服务社会的三大核心职能，但在应对人类人文发展的深层次需求方面仍显露出明显短板。面对国际局势的动荡、贫富差距的扩大以及生态与资源环境的严峻挑战，高等教育亟须通过"化育人文"这一新职能发挥其独特的引导与调和作用。具体而言，"化育人文"不仅涵盖了文化传承与创新的深层次实践，还强调了国际学术交流与合作，为高等教育注入了新的使命与活力。这一新职能的拓展，无疑将引发高等教育领域的深刻变革，催化出适应新时代要求的教育范式，为人类社会的可持续发展贡献智慧与力量。

（三）须优化教育资源配置

资源合理配置作为高校"双一流"建设范式创新的核心机制，对于提升高等教育质量和竞争力具有不可估量的价值。世界高等教育资源配置可分为三类，即资源自筹型、资源配给型、资源混筹型。资源自筹型模式主要以私立大学为代表，如美国哈佛大学和麻省理工学院等。这些高校凭借强大的自筹能力，通过学费、捐赠、科研收入等多渠道筹集资金，实现自主发展。资源配给型模式则多见于公立大学，如日本东京大学和美国加州大学伯克利分校等。这类高校主要依赖政府拨款维持运营，资源配置受到政府政策的直接影响。资源混筹型模式则融合了政府资助和自筹两种方式，目前呈现出泛化的趋势。这种模式既能保证高校获得稳定的政府支持，又能通过自筹资金增强办学的灵活性和自主性。

在中国，高等教育资源配置主要属于资源配给型。在"双一流"建设的背景下，优化教育资源配置成为重中之重。政府应鼓励高校探索资源混筹型发展道路，对基础性作用显著且自筹能力较弱的高校增加资源配给，同时对"造血"能力强的高校给予政策鼓励，引导其通过自筹资金实现更高水平的发展。优化资源配置不仅有助于构建更加合理的高等教育生态体系，还能形成良好的高校结构，为一流大学和一流学科的发展奠定坚实基础。

（四）须有效协调五个关系

在高等教育领域内，"双一流"建设已成为推动中国高等教育质量提升与国际竞争力增强的核心战略。此战略的实施不仅关乎国家教育资源的优化配置，更涉及深层次的学术生态构建与国际合作框架的重塑。为实现这一目标，高校在推进"双一流"建设范式创新时，必须有效协调以下五个主要关系，以确保教育改革的系统性与可持续性。

1. 高峰学科与支撑学科的关系

在"双一流"建设背景下，高峰学科作为引领高校学术声誉与国际影响力提升的关键，往往获得更多关注与资源投入。然而，过分偏重高峰学科而忽视支撑学科的发展，可能导致学科生态失衡，影响整体学术创新与人才培养的深度与广度。因此，协调高峰学科与支撑学科的关系，首先需建立基于学科交叉融合的资源配置机制，鼓励高峰学科向支撑学科溢出先进理念与技术，促进学科间的知识流动与协同创新。同时，实施差异化发展战略，明确各学科的定位与角色，为支撑学科提供必要的政策与资金支持，增强其自我发展能力，形成高峰学科引领、支撑学科支撑、相互促进的学科生态体系。

2. 中央高校与地方高校的合理比例

中国高等教育体系由中央高校与地方高校共同构成，两者在资源禀赋、发展定位与服务面向上存在差异。合理确定中央高校与地方高校的比例，对于促进高等教育均衡发展、服务国家与地方经济社会需求至关重要。一方面，应强化中央高校的国家战略属性，支持其在基础前沿研究、重大

121

科技攻关等方面发挥引领作用;另一方面,需加大对地方高校的支持力度,鼓励其紧密结合地方经济社会发展需求,开展应用型研究与教学,培养符合地方需求的高素质人才。此外,建立中央与地方高校合作机制,通过联合科研项目、共享教育资源等方式,促进教育资源与科研成果的跨区域流动,实现优势互补、协同发展。

3. 理科与文科的关系

在"双一流"建设中,理科与文科的平衡发展是构建全面知识体系、培养复合型人才的重要基础。理科侧重于自然规律探索与技术创新,文科则关注社会现象解析与文化传承。两者虽研究方法与对象不同,但相互依存、相互促进。为促进理科与文科的深度融合,高校应构建跨学科交流平台,鼓励文理交叉项目的设立与实施,促进思维碰撞与知识融合。同时,改革教育评价体系,摒弃单一学科导向的评价标准,倡导跨学科成果的认可与奖励,为文理融合提供制度保障。此外,加强人文社科领域的国际化交流,吸收世界先进文化成果,提升中国文科研究的国际影响力。

4. 学科建设与人才培养的关系

学科建设是高等教育质量提升的基石,而人才培养是学科建设的最终目的。在"双一流"建设中,必须将学科建设与人才培养紧密结合,形成相互促进的良性循环。一方面,应根据学科发展趋势与社会需求,动态调整学科结构,优化课程设置,确保教学内容的前沿性与实用性。另一方面,强化科研育人功能,鼓励学生参与科研项目,通过实践学习提升创新思维与解决问题的能力。同时,建立健全导师制度,加强师生互动,为学生提供个性化的学术指导与职业规划服务。此外,构建多元化的人才培养评价体系,不仅关注学术成果,也重视学生的综合素质与创新能力,确保人才培养质量与国际接轨。

5. 中国与世界的关系

在全球化背景下,中国高等教育的国际化已成为不可逆转的趋势。"双一流"建设不仅要提升中国高等教育的国内水平,更要着眼于国际舞台,增强中国高等教育的全球竞争力与影响力。这要求高校在保持自身特色的同时,积极融入全球教育与科研网络,加强与国际顶尖高校及研究机构的合作与交流。具体措施包括:推动师生国际流动,吸引海外高层次人才来华工作与学习;参与或发起国际学术组织,提升中国在国际学术规则制定中的话语权;加强国际合作研究,共同应对全球性挑战,产出具有国际影响力的科研成果。同时,注重文化传播与互鉴,通过教育合作促进不同文明之间的理解和尊重,构建人类命运共同体意识,为中国与世界的教育合作与交流贡献力量。

第二节　高校"双一流"建设的统筹兼顾与深入推进

"双一流"建设作为中国高等教育领域内一项举足轻重的战略性工程,其深远影响波及社会各界,不仅重塑了高等教育的格局,也成了衡量教育质量与学术实力的关键标尺。对于学生及其家庭而言,能够踏入"双一流"高校的门槛,无疑是梦想成真的象征,承载着对未来职业生涯的美好期许。同时,这也是各高校及其学科竞相追逐的荣耀目标,是推动自身持续进步的强大动力。于政府部门与地方政府而言,增加"双一流"高校的数量,被视为教育政绩的重要体现,反映了其对高等教育质量提升的决心与努力。随着第二轮"双一流"建设的启动,这一议题再度成为媒体与教育机构关注的焦点。尽管高等教育学界已围绕"双一流"展开了初步探讨,但其内涵丰富、涉及广泛,仍有待进一步深入挖掘与细致剖析,旨在为"双一流"建设的深入推进提供坚实的理论支撑与参考依据,助力中国高等教育迈向新的高度。

一、统筹兼顾：首轮"双一流"建设的实施与成效

高校重点建设在中国教育体系中占据着举足轻重的地位,这一传统由来已久,旨在通过集中资源,打造具有全球竞争力的高等教育机构。其建设目标直指世界著名或世界一流大学,不仅是为了提升国家教育实力,更在于通过高等教育的卓越发展,彰显社会主义制度的优越性。在"985 工程"实施初期,该政策曾面临国际社会的质疑,批评者指出资源分配的不均衡现象。然而,随着中国大学在全球排名中的显著提升及建设成效的日益显现,这一模式逐渐被多国所借鉴与参考。随着中国经济的快速增长,国家对高等教育的投入不断加大,推动了高等教育的蓬勃发展。在此背景下,第一轮"双一流"建设的提出,标志着新时期高校重点建设进入了继承、创新与提升的新阶段。

（一）统筹推进首轮"双一流"建设

《统筹推进世界一流大学和一流学科建设总体方案》与《统筹推进世界一流大学和一流学科建设实施办法（暂行）》是首轮"双一流"建设的纲领和指导性文件。除了"世界一流大学"和"一流学科"以外,在"双一流"建设的第一个周期,"统筹推进"是一个关键词。"统筹"是一个含义非常丰富的词,意思是通盘筹划或统一筹划。统筹有统合的意思,"双一流"建设统合了"211 工程"和"985 工程",或者说原先的"211 工程"和"985 工程"被"双一流"建设统一了。"统筹"又是一个与"兼顾"相关联的词,统筹推进"双一流"建设,一个重要考虑就是统筹兼顾,而统筹兼顾包含有多方面的意义,具体而言,统筹推进"双一流"建设,力图兼顾以下几个方面。

1. 兼顾大学与学科

"双一流"建设作为中国高等教育重点发展的新阶段，标志着我国高等教育资源配置与优化迈入了新的历史时期。这一战略不仅着眼于高等学校的整体提升，还特别强调学科建设的核心地位，实现了高校与学科发展的双重关注与并进。与以往的"211 工程"和"985 工程"相比，"双一流"建设的一个显著区别在于，其高校与学科的认定均由国家层面统一进行，确保了评价与遴选的权威性和公正性，避免了过往可能存在的地域性、行业性偏差。值得注意的是，自 2014 年国家重点学科取消行政审批后，虽然官方层面不再新增国家重点学科的审批，但这一荣誉性称谓仍被众多高等学府在自我介绍和学科建设中沿用，体现了其深远的历史影响力和社会认可度。

在首轮"双一流"建设中，国家明确划分了"一流大学建设高校"（共计 42 所）与"一流学科建设高校"（共计 95 所）两大类别，旨在通过分类指导、分层推进的方式，精准施策，促进不同类型高校的优势特色发展。同时，"双一流"建设专家委员会经过严谨评审，最终确定了 465 个认定学科及自选学科，这一举措无疑将学科建设的重要性推向了新的高度，对我国乃至全球高等教育领域的学科布局与竞争力提升产生了深远影响。

2. 兼顾公平与效率

历来高校重点建设都要面对公平与效率的问题。以"211 工程"为例，该工程在实施过程中兼顾了全国范围内的公平与效率，通过科学合理的布局，确保各省至少拥有一所"211"高校，既提升了高等教育整体水平，又保障了区域间的相对均衡。相比之下，"985 工程"则更加注重效率，以建设世界一流大学为首要目标，而在一定程度上未将区域公平纳入考量。及至"双一流"建设时期，政策制定者在强调效率的同时，也充分兼顾了公平,这体现在对区域布局和学科分布的全面考量上。特别是在首轮"双一流"建设中,主管部门与专家委员会在遴选过程中,不仅统筹考虑了各区域的现有水平,还特别对无教育部直属高校的省区给予了支持,以此体现教育公平的原则。

3. 兼顾继承与创新

"双一流"建设实施推进的基本原则是稳中求进、继承创新、改革发展。尤其是第一个建设周期启动时,需要遵循平稳过渡的原则,充分考虑"211 工程"和"985 工程"的既有基础,旨在继承并巩固过往建设成效,同时紧密服务国家战略需求,确保新旧政策之间的平稳衔接。在兼顾历史与现实方面,"双一流"建设不仅吸纳了原有的"211"和"985"高校,更在此基础上进行了创新举措的引入,如打破传统身份固化,实施动态调整机制,并采用更为灵活的认定方式。此外,新增高校的遴选也严格按照既定标准展开,不仅新增了多所非"211"高校,还特别注重地方高校与部属高校的均衡发展,以期构建更为多元、开放的高等教育体系。

(二)首轮"双一流"建设的成效

首轮"双一流"建设作为我国高等教育领域的重大战略举措,其实施成效备受社会各界关注。2021 年 9 月,根据教育部办公厅《关于总结 2016 年至 2020 年"双一流"建设周期的通知》,"双一流"建设高校普遍进行了首轮建设周期总结工作。为系统梳理并展示建设成果,2022 年 6 月,一部名为《首轮"双一流"建设典型案例集》的专著应运而生,该书籍深度聚焦并全面介绍了全国范围内 137 所高等院校及 465 个学科的建设实践与显著成效。其内容翔实可靠,不仅是对首轮"双一流"建设成效的一次全方位、多维度的翔实记录,也体现了各高校在自我评估与专家评议相结合机制下的真实表现。通过这一综合评估方式,绝大多数参与建设的高校均成功达到了既定的"双一流"建设目标，彰显了我国高等教育在新时代背景下的蓬勃发展与显著进步。

当然，在衡量或评价世界一流大学的多元尺度中，不仅要参考世界大学排名这一显性指标，还需深入考察其服务国家和地区的能力、对经济社会发展的贡献度以及文化传承的深远影响。这些维度共同构成了一所大学在全球教育格局中的综合地位。观之中国顶尖高等学府，如清华大学与北京大学等，它们在服务国家战略需求、推动学科交叉融合与创新方面，已展现出与世界一流大学并肩的实力与风采。然而，客观而言，中国大学在迈向世界顶尖的征途中仍存在一定差距。这要求我们在未来发展中，积极借鉴国际先进经验，着力在精神文化的培育、高端人才的汇聚以及原创性科技成果的孵化等方面寻求新的突破与提升。

2021年12月，教育部、财政部、国家发展改革委制定了《"双一流"建设成效评价办法（试行）》，要求各有关高校对照此办法，对首轮"双一流"建设进行成效评价，"以中国特色、世界一流为核心，突出培养一流人才、产出一流成果，主动服务国家需求，克服'五唯'顽瘴痼疾，以中国特色'双一流'建设成效评价体系引导高校和学科争创世界一流"。经过第一轮的建设，多数高等学府成功取得了显著性进展，顺利达成了既定的阶段性目标。"双一流"高校在人才培养、科学研究、服务经济社会发展以及文化传承等多个维度上，均展现出了卓越的成效与贡献。然而，值得注意的是，各高校之间的发展水平并不均衡，部分学科的首轮建设成果未能达到预期目标，其整体学术水平和可持续发展能力仍有待进一步提升与优化。

二、深入推进：第二轮"双一流"建设的调整

"双一流"建设第一和第二轮的发展变化，概括来说就是从统筹推进到深入推进。2022年1月26日，教育部、财政部、国家发展改革委发布

《关于深入推进世界一流大学和一流学科建设的若干意见》，2月14日发布了《教育部财政部国家发展改革委关于公布第二轮"双一流"建设高校及建设学科名单的通知》，标志着"双一流"建设第二个建设周期已经开启。在首轮"双一流"建设的基础上，第二轮"双一流"建设进行了多方面的调整与改进，有不少新意。

（一）"双一流"建设的调整与改进

从公布的第二轮"双一流"建设名单来看，与首轮相比，第二轮有多方面的调整与改进，具体而言主要有以下几个方面。

1. 新增7所"双一流"建设高校

在第二轮"双一流"建设高校的遴选中，全国范围内共有147所高校脱颖而出，值得关注的是，此次新增了有山西大学、南京医科大学、湘潭大学、华南农业大学、广州医科大学、南方科技大学、上海科技大学 7所地方高校。此番"双一流"建设的推进，其影响力深远，辐射带动效应显著，促使全国多数省份积极响应，纷纷制定并实施了各自的省级高等教育建设计划，以期在国家战略的引领下，提升区域内高等教育的整体实力和国际竞争力。广东省作为改革开放的前沿阵地，对接国家"双一流"建设的步伐尤为迅速且坚定，印发了《高等教育"冲一流、补短板、强特色"提升计划实施方案（2021—2025年）》，通过实施一系列高等教育提升计划，该省在优化高等教育结构、提升教育质量上取得了显著成效。特别是在第二轮提升计划中，广东省内有3所高校成功新晋"双一流"行列，这一成就不仅彰显了广东省高等教育的快速发展势头，也为其在全国乃至全球高等教育版图中的位置增添了重要砝码。

2. 新增部分一流建设学科

第二轮"双一流"建设以需求为导向、以学科为基础、以比选为手段，确定了新一轮建设高校及学科的范围。其中数学、物理、化学、生物学等基础学科共计 59 个，充分体现了对基础研究的重视；工程类学科则多达 180 个，凸显了工程技术对国家发展的支撑作用；而哲学社会科学学科亦有 92 个，展现了人文社会科学在知识体系中的不可或缺性。值得注意的是，哲学社会科学学科的建设涉及了 40 所部委属高校及 11 所省属高校（北京大学与清华大学作为特例未计入）。入选门槛相较于第一轮显著提升，不仅新增学科数量有所减少，而且部分学科若依据此轮标准，在 2017 年即已具备入选资格，这反映了选拔标准的严格与进步。

新增学科的一大亮点在于打破了"五唯"[①]桎梏，即不再单纯依赖排名和学科评估结果，而是更加注重学科的内在质量与创新潜力。有 18 个新晋"双一流"建设学科在第四次学科评估中为 B＋，3 个为 B，1 个为 B－，还有 4 个为其他类别，即未参加第四次学科评估等情况。

3. 理顺部分学科名称

在国际学科排名与我国教育体系中一级学科的设置之间存在显著的差异性，这一现象反映了全球学术评价体系与国内学科分类标准之间的不完全对应。具体而言，基本科学指标数据库（ESI）中的"社会科学总论"类别，其涵盖范围[②]与我国传统意义上的社会科学概念并不完全吻合，体现了国际学术分类标准的特色与局限。

在首轮"双一流"建设中，部分入选学科的界定（如机械及航空航天和制造工程、农学、语言学、现代语言学、商业与管理等）与我国一级学科范畴出现了不一致的情况，这促使相关部门在后续的政策调整中予以重视。因此，第二轮"双一流"建设时，为更好地与国内学科体系对接，相

---

① 唯论文、唯帽子、唯职称、唯学历、唯奖项。

② 包括传播学、环境研究、图书馆与信息科学、政治学、公共卫生与管理、康复、社会工作与社会政策、社会学、人类学、法学、教育等。

关部门对部分学科名称进行了针对性的调整,以期实现国内外学科评价标准的融合与协调。例如,复旦大学的"机械及航空航天和制造工程"学科调整为"集成电路科学与工程"学科,华南理工大学的"农学"调整为"食品科学与工程"。有的媒体统计的"第二轮新晋 58 个世界一流建设学科",其实就包含了部分将首轮的学科名称调整为新的学科名称的学科。

4. 公开警示部分高校和学科

"双一流"建设作为我国高等教育领域的重要战略,其实施机制具有高度的动态性与灵活性,旨在通过引入动态调整机制,有效打破传统身份固化壁垒,促进各类高校及学科间的公平竞争与良性发展。在首轮"双一流"建设的深入实践中,这一原则得到了充分体现,其中共有 15 所高等学府的 16 个学科因未达到既定标准而被公开警示,部分发展滞后或不符合战略规划的学科更是经历了撤销与重新调整的过程。如东北师范大学的"数学"撤销后,根据学科建设情况调整为"教育学",上海财经大学的"统计学"撤销后,调整为"应用经济学"。值得注意的是,这些被警示及调整的学科将于 2023 年面临更为严格的再评价体系,未能通过评估的学科将被调出"双一流"建设范畴,以此确保资源的高效配置与利用。

进入第二轮"双一流"建设阶段,改革进一步深化,不再人为划分一流大学与一流学科建设的界限,而是鼓励所有参与高校根据自身特色与优势,自主确定并对外公布建设学科,此举极大扩展了高校在学科建设上的自主权,为构建更加多元化、特色化的高等教育体系奠定了坚实基础。北京大学、清华大学等顶尖学府率先响应,通过自主规划与公布建设学科,展现了在新机制下追求卓越、引领创新的决心与行动。

(二)关于推进"双一流"建设的思考

未来"双一流"建设应如何深入推进?本书认为应该兼顾"中国特色"

与"世界一流",兑现承诺,实现动态调整,同时也要预判和防范风险,并对地处边疆的部省合建高校采取倾斜政策。

1. 兼顾"中国特色"与"世界一流"

"双一流"建设的核心理念在于秉持"中国特色、世界一流"的目标,旨在打造既根植于中国本土实际,又能在全球范围内展现卓越水平的高等教育体系。"中国特色"与"世界一流"之间存在内在的有机联系,两者既辩证统一,又各有不同的侧重。在首轮建设中,重点偏向于追求世界一流的标准,主要依据国际大学和学科排名作为评价基准,力求与国际接轨。然而,进入第二轮建设后,策略发生显著变化,更加注重彰显中国特色,有意脱离单一依赖国际排名的评价体系,同时也不再局限于一级学科评估的框架。此轮变革强调高等教育机构对国家的直接贡献,坚持正确的发展方向,以立德树人为根本任务,追求特色化的一流建设,坚定服务国家战略需求,并保持持续的自我提升与定力。遴选标准方面,重视教育质量、服务社会的广度与深度以及实际贡献,特别关注标志性研究成果、代表作的学术质量,以及高层次人才所承担的国家重大科研项目及其产生的重大成果。

未来,在推进"双一流"建设的过程中,必须审慎平衡"中国特色"与"世界一流"的双重目标,确保高等教育体系既根植本土又具有国际竞争力。这一战略要求大学不仅要致力于学术卓越与知识创新,还应紧密围绕国家重大需求,强化服务功能,注重对社会经济发展的实际贡献,体现高等教育在新时代背景下的责任与担当。值得注意的是,当前世界大学或学科排名虽为衡量教育质量的重要参考,但其单一指标体系存在不可忽视的局限性,难以全面反映一所大学或学科的复杂全貌及特色优势。因此,不宜将排名作为评价"双一流"建设的唯一标准,以免陷入片面追求排名的误区。尽管如此,排名结果仍具有一定的参考价值,特别是对于那些连续多年保持高排名的大学或学科,其背后的教育质量、科研实力及国际影响力不容忽视，可考虑将其作为遴选"双一流"建设对象的辅助因素。在具体实践中，人文社科与艺术领域应更加注重彰显"中国特色"，传承与创新中华优秀文化；而理工农医等学科则可适当侧重"世界一流"，积极对接国际前沿科技动态，提升全球竞争力。

2. 预判与控制动态调整风险

入选国家"双一流"建设名单对于高等院校及其学科而言，具有深远的战略意义，它不仅是学科建设的重大突破，更为这些学科带来了稳定的经费支持和政策倾斜，加速了学术研究与人才培养的步伐。鉴于此，全国多地的高等教育机构为跻身"双一流"行列，不遗余力地进行资源整合与创新能力提升，展开了激烈的竞争。

随着"双一流"建设的深入推进，其动态调整机制也日益凸显其重要性。未能通过阶段性评价的学科将被要求调整出建设范畴，这一举措旨在确保教育资源的有效配置，同时避免对公众期望的辜负。动态调整不仅关乎高校与学科的直接利益，更牵涉到其社会声誉与长远发展，因此，相关高校、学科所在地政府对此均表现出高度的重视与紧张，随着调整时间节点的临近，各方承受的压力亦逐渐加剧。

"双一流"的动态调整机制虽蕴含着推动高等教育质量跃升的巨大潜力，但其伴随的风险同样不容小觑，要求宏观决策者与管理者必须具备全局视野，精准施策，有效防范潜在风险。在此过程中，应倾向于以增量调整为主导，辅以必要的调整出列措施，旨在促进整个高等教育生态系统的健康可持续发展。少数因动态调整而受影响的学科及高校，其经历为所有"双一流"建设参与者提供了深刻的警示与反思，强调了持续创新与自我革新的重要性。

3. 对部省合建高校应有倾斜政策

"双一流"建设，作为"211 工程"与"985 工程"的精神延续与实践升级，其初衷便在于优化高等教育资源配置，提升国家整体教育实力。

尤其值得关注的是，部省合建高校多位于中西部省区，这些区域往往缺乏教育部直属高校，加之自然条件与经济基础的限制，使得它们在资源获取、人才吸引等方面面临诸多困难，与东部沿海地区的高校相比存在不小的差距。因此，在"双一流"建设的推进过程中，必须充分考虑这些高校的历史经纬、现实条件及其所处的特殊环境，通过倾斜政策给予更有力的支持，助力它们突破发展瓶颈，实现跨越式发展，从而促进高等教育区域均衡发展，为国家战略实施提供坚实的人才与智力支撑。

总之，"双一流"有效驱动了我国高等教育的整体跃升，凸显了中国在全球一流大学建设进程中的先导角色。伴随科技进步的显著成就，尤其是学术论文发表量的激增，直观映射出我国大学科研能力与教育水平的显著提升。"双一流"建设在既有成就基础上，进一步将我国世界一流大学的建设推向崭新高度。中国正不懈努力，以期成为高等教育强国，并拥有一大批具备全球竞争力的世界一流大学。

第三节　教育数字化转型赋能高校"双一流"建设

高校"双一流"建设作为国家推动高等教育发展的重大战略举措，旨在提升我国高等教育的全球竞争力。与此同时，教育数字化转型正逐步成为教育改革与发展的新引擎，其通过深度融合信息技术，为传统教学模式带来革新。在"双一流"建设的进程中，借助教育数字化转型的力量，加强数字化基础设施的构建，优化教学与科研环境，对于提高学科质量至关重要。这一系列举措的终极目标在于打造出真正具有世界竞争力的学校与学科，从而全面提升我国教育的整体质量。

一、教育数字化转型的特点及优势

数字化技术作为当今社会发展的驱动力,已深刻影响了人们的生活方式与学习模式。尽管其发展速度令人瞩目,然而我们仍需认识到,这仅仅是一个初步的阶段,其潜力和影响力远未完全展现。面对这样的社会变革,教育事业必须积极寻求与社会发展的同步,主动拥抱数字化技术,推动自身的改革与创新。教育数字化转型已成为推动现代教育发展的主要路径,这一过程不仅仅是技术的应用,更是数字技术与教育事业深度融合的过程。通过数字化技术的辅助,教育管理得以更加高效,原有工作流程和方法得到优化而非取代,进而提升了高校的整体能力与学术地位。

综合当前高校实际发展现状,教育数字化转型的特点与优势主要如下。

(一)实现多方协同发展的有效路径

教育数字化转型促进了教育资源的开放与共享,为政府、高校、企业和社会等多方主体提供了协同发展的新平台。通过构建数字化教育生态系统,各方能够更高效地交换信息、共享资源,形成合力。高校可以依托数字化平台,与政府部门紧密合作,及时获取政策导向与资金支持;与企业建立产学研用合作关系,将科研成果快速转化为生产力;同时,通过开放课程资源,吸引社会广泛参与,提升教育服务的社会效益。这种多方协同的发展模式,不仅拓宽了高校的发展空间,还促进了教育资源的优化配置与高效利用。

(二)推动高校战略发展进程的有效办法

在数字化转型的推动下,高校能够更精准地定位自身发展目标,制定科学合理的战略规划。通过大数据分析与挖掘，高校可以深入了解学科发展趋势、市场需求变化以及学生成长规律，为学科布局、专业设置、课程体系构建等提供数据支撑。同时，数字化技术还促进了高校内部管理的智能化与精细化，提高了决策效率与执行力。这些变化使得高校能够更快地响应外部环境变化，主动调整发展战略，从而在激烈的市场竞争中保持领先地位。

（三）促进学校适应现代社会发展的有效工具

随着社会的快速发展，特别是知识经济时代的到来，社会对人才的需求日益多样化、个性化。教育数字化转型为高校提供了灵活多样的教学模式与学习路径，满足了不同学生的学习需求。通过在线课程、混合式学习、虚拟实验室等数字化教学手段，学生可以突破时空限制，自主选择学习内容与节奏，实现个性化学习。此外，数字化技术还促进了跨学科交流与合作，为学生提供了更广阔的知识视野与创新能力培养空间。这些变化使得高校能够更好地适应现代社会对人才的需求变化，培养出更多具有创新精神与实践能力的高素质人才。

（四）提高学生学习体验的有效方式

教育数字化转型极大地丰富了教学手段与资源，为学生提供了更加生动、直观、互动的学习体验。数字化教学平台能够集成文本、图像、视频等多种媒体形式，使学习内容更加丰富多彩；虚拟现实（VR）、增强现实（AR）等先进技术的应用，更是将学生带入了一个沉浸式的学习环境，增强了学习的趣味性与参与度。同时，数字化技术还支持学习数据的实时采集与分析，帮助教师及时了解学生的学习状况与问题，从而提供个性化的指导与帮助。这些变化不仅提高了学生的学习效率与效果，还激发了他们的学习兴趣与动力，为终身学习奠定了坚实的基础。

二、高校"双一流"建设工作中面临的问题

在我国"双一流"大学建设过程中,学科建设与学校建设同样重要。当前,高校"双一流"建设工作中面临的问题主要体现于以下几个方面。

第一,学科发展不均衡。一方面,部分高校过于侧重传统优势学科,导致资源过度集中,新兴学科和交叉学科发展滞后,难以形成多元化的学科生态。这种单一化的学科结构不仅限制了学术创新的可能性,也影响了综合竞争力的提升。另一方面,学科间的协同发展机制尚不健全,不同学科间的壁垒较高,跨学科合作项目较少,难以形成知识融合与创新的合力。此外,学科评价体系过于注重短期成果,忽视了基础研究和长远规划,导致部分学科发展缺乏持续性和前瞻性。

第二,学生认知不够。部分学生仅将"双一流"视为学校排名的提升,而未能深刻理解其背后的教育理念与资源优化配置的重要性。这种认知偏差导致学生在学习动力、职业规划及参与科研创新活动方面的积极性不高。同时,高校在"双一流"建设中的宣传与教育工作不够深入,缺乏对学生进行有效的引导与激励,使得学生在选择专业、参与学术研究时往往基于短期利益考量,而非个人兴趣与国家需求的结合,从而影响了高端人才的培养质量与数量。

第三,人才队伍素养不高。人才是"双一流"建设的核心要素,但当前高校人才队伍的整体素养与"双一流"建设的要求尚存在差距。一方面,顶尖人才和青年才俊的引进与培育力度不够,部分高校在吸引国际一流人才方面缺乏竞争力,导致高水平师资短缺。另一方面,现有教师队伍的结构不尽合理,部分教师科研创新能力不强,教学方法陈旧,难以适应新时代高等教育对教学与科研双重要求的挑战。此外,人才评价与激励机制不

完善，未能充分激发教师的内在动力与潜能，影响了人才队伍的整体活力与创造力。

第四，服务地方产业发展能力不足。"双一流"建设不仅要提升高校的学术水平与国际影响力，更要服务于国家与地方经济社会发展。然而，目前部分高校在科研成果转化、产学研合作等方面存在明显短板，导致科研创新与地方产业需求脱节。一方面，高校科研成果转化机制不灵活，缺乏有效的市场对接平台，使得大量科研成果难以转化为实际生产力。另一方面，高校与地方企业、研究机构的合作深度不够，缺乏长期稳定的合作关系，难以形成协同创新的良性循环。这些问题不仅限制了高校对地方经济发展的贡献度，也影响了"双一流"建设的社会效益与可持续性。

三、教育数字化转型下高校"双一流"建设的路径

数字化转型标志着信息化进程迈入了一个崭新的高级阶段，其核心理念在于实现数字化技术与现代教育事业的无缝对接与深度融合。此进程不仅涵盖了教学方法的革新、教育理念的升级，还深入到了组织形态的重塑以及学校制度的全面优化。其终极目标是通过这一系列系统化的重构，有效推动教学创新与可持续发展，进而构筑起一个健康、高效且充满活力的学校生态系统，为教育事业的现代化转型奠定坚实基础。

基于教育数字化转型背景高校"双一流"建设路径如下。

（一）创建共享型资源管理平台，促进学科综合发展

当前，高校在推进一流课程建设方面存在的短板，已成为制约"双一流"高校建设步伐的关键因素。为破解这一难题，亟须强化多元主体的协同合作机制，依托高校、企业与政府之间的紧密联系与互动，共同构筑良好的合作生态。在此基础上，应着力开发并整合优质教育资源，不断强化

一流学科的内涵建设与发展动力，从而为"双一流"高校的蓬勃发展注入强劲动能。

首先，可构建一种共享型资源管理平台机制，旨在促进教育资源、学科资源及科技资源在多方主体间的流通与共享，进而推动学校、政府与企业之间的协同发展与共赢局面。具体而言，学校应充分利用大数据技术的先进优势，着手搭建一个高效、开放的共享型数据资源管理平台。通过该平台，可以有效打破学校内部存在的数据孤岛现象，实现数据的互联互通。同时，积极与企业、政府等外部机构建立稳定的数据共享合作关系，促进数据资源的深度整合与高效利用，为各方的持续发展注入新的活力与动力。

其次，学校应当致力于建设独立的数据平台管理体系。借助共享型资源管理平台的优势，构建一套适合本校特色的数据管理体系，以实现数据处理的标准化与技术的先进性。此体系将为各职能部门提供必要的资源、技术及人力资源支持，催生更多的创新实践。同时，学校应积极与企业、政府进行资源信息的交换，实现信息的统筹与整合。在庞杂的信息中，筛选出对学科建设和科研工作具有积极意义的资源，并将其有效融入教学与科研过程中。此外，搭建个体化的资源管理平台，为学校的教育科研活动提供精确的数据基石。这一系列举措的最终目标，是全面提升学校的学科建设水平和教育科研工作的整体质量。

（二）加强校园交互平台建设，提高大学生主体意识

在现代化学校建设中，良好的网络环境是推动教育数字化发展的重要基础。高校作为知识传播与创新的重要阵地，其数字化环境的打造尤为关键，它不仅是教育现代化的标志，更是提升教学质量与效率的重要途径。当前，我国多数高校已完成了基础网络设施的建设，4G网络的全面覆盖与5G网络的逐步推广，为教育资源的快速传输与高效利用提供了强有力的支持。在此基础上，大学生展现出了强劲的线上交互能力，这一特性为

教育的数字化转型提供了宝贵的土壤。通过利用校园交互平台，不仅可以及时发布时政信息，使大学生在获取最新资讯的同时，不断提升其思想政治水平，还能有效促进师生间的互动交流，实现教学相长。

此外，高校也可通过平台发布相关信息积极参与"双一流"建设，并邀请学生参与讨论，这一举措不仅增强了学生对学校发展的认同感，更在潜移默化中引导了他们的思想意识。同时，通过开展投票和交流活动，让学生直接参与到课程的建设与实施中来，进一步增强了他们的主体意识，为培养具有创新精神和实践能力的新时代人才奠定了坚实基础。

（三）加强培训平台建设，打造高质量人才队伍

为了有效提升高校人才的培养质量，必须紧紧依托教育技术的最新进展，构建一套全面且高效的专业培养体系。在此过程中，搭建一个集系统性、灵活性于一体的师资培训平台是关键一环。该平台应整合丰富多样的学习资源，旨在帮助教师群体不断更新教学理念，升级教学技能，并在学术研究上实现自我超越。进一步地，通过组织线上交流与培训活动，不仅能够打破地理限制，促进教师之间的广泛互动，还能有效拓宽其学术视野，激发知识共享的热情与创新思维的火花。为了保障这一系列改革措施的有效实施，建立一套科学的管理追责系统势在必行。该系统能够确保每一项工作都有据可查，责任明确，从而营造出一个公正、透明、积极向上的管理氛围，进而提高教师队伍的整体参与度和满意度。此外，利用大数据技术对教师的教学成果、科研贡献进行综合评估，并作为其职称评选的重要依据，可以极大地提升教育工作者的自我发展意识，激励他们不断追求卓越，为高校专业人才培养质量的持续提升奠定坚实基础。

（四）建立校企合作平台，提高高校区域及行业服务能力

当前，高校人才培养工作应全面适应地方产业发展，为地方输送更多高质量人才。

首先，加强校企合作。通过共建协同育人平台，高校与企业可以共同制订人才培养计划，实现教育资源与产业资源的深度融合。同时，定期召开调研会议，深化双方合作，及时调整人才培养策略，确保人才培养与企业需求之间的有效衔接。

其次，完善实习管理平台。通过整合企业与学生信息资源，实现高效匹配，可以促进学生快速融入企业环境。借助简历投递与企业筛选机制，学生能够在实际工作岗位上提升专业技能与综合素质。

最后，搭建就业发展平台，全面涵盖求职匹配、招聘对接、就业指导及人才培养等多种功能，是充分发挥高校在社会服务中主导作用的有效途径。通过此平台，可促使人才培养与企业需求实现精准对接，不仅提升了人才的市场适应性，还显著增强了高校在区域经济发展与行业转型升级中的服务贡献能力。

综合而言，在当代教育事业的蓬勃发展中，"双一流"高校应敏锐把握教育数字化转型的战略机遇，积极致力于校园基础设施的全面升级与完善，以期在教育生态格局的优化中占据先机。通过充分发挥数字化时代的多元优势，促进政府、学校、企业等多方主体的深度协同与合作，推动高校教育工作模式与教育环境的根本性变革，使之更加契合世界一流教育的发展趋势。此举旨在跨越传统高校教育环境中存在的诸多界限与鸿沟，为"双一流"高校在全球教育舞台上的卓越表现奠定坚实基础。

第四节　高校"双一流"建设成效评价与动态监测

一、高校"双一流"建设成效评价

"双一流"建设成效评价是在《深化新时代教育评价改革总体方案》

的宏观指导下,对新时代教育评价改革核心精神的深入贯彻与实践。该评价体系聚焦于结果评价的改进、过程评价的强化、增值评价的探索以及综合评价的健全,这"四个评价"共同构成了新时代教育评价改革的精髓所在。在根本目标上,成效评价与"四个评价"不谋而合,均致力于提升教育评价的科学性、专业性与客观性,体现了理念与价值层面的高度一致性。然而,在实践操作中,如何准确界定成效评价的内涵,以及如何利用现代信息技术手段实现动态监测,进而将成效评价落到实处,成为"双一流"建设进程中亟待破解的难题与困惑。动态监测作为一种先进的评价工具,其核心理念在于通过持续的过程监测,为教育评价提供更为全面、准确的数据支持。然而,如何将其有效融入成效评价体系,仍需我们在实践中不断探索与完善。

(一)"双一流"建设成效评价的理念内涵

理念属于形而上学范畴。从认识论角度看,成效评价是不同主体对于"获得预期积极效果"的理性认识综合,是突破传统静态线性评价困境,体现发展水平、增长程度和可持续发展能力的评价新模式。

1. "双一流"建设成效评价的理念

成效评价与传统的"条件评价""结果评价""排名评价"有根本性区别,遵循的是辩证发展和系统科学理念。

(1)遵循辩证发展的理念

辩证发展是一种全面思维和规律思维。《实践论》深刻揭示了认识过程的辩证发展特性,强调每一次实践与认识的循环迭代,都会推动认知向更高一级的程度跃升。这种思维模式超越了简单线性的认知框架,倡导在动态中把握事物本质。在新时代背景下,教育评价观也需与时俱进。

传统的评价方式往往局限于对评价对象进行简单的是非判断,而新时代的教育评价则更加注重提供知识反馈,旨在促进评价对象的持续改进与发展。这种评价方式体现出多元、动态、深刻及全面的认识特点，与辩证发展思维不谋而合。在"双一流"建设的具体实践中，分类评价思路显得尤为重要。传统的结果导向评价往往采用静态线性的方式，难以适应各具特色、差异显著的高校和学科。因此，成效评价应更加注重内涵建设、实际贡献、特色发展及持续改进能力，通过分类评价的方式，以发展的眼光审视各评价对象，强调其可持续发展能力，从而避免了一成不变的静态评价所带来的局限性。

据此，《"双一流"建设成效评价办法（试行）》明确提出：成长提升度主要考察高校和学科在建设周期内的水平变化，体现成长增量及发展质量；可持续发展能力则主要考察高校和学科的发展条件与水平，体现发展潜力。

（2）遵循系统科学理念

整体性和层次性是教育评价体系的系统性特征。

首先，整体是事物各要素相互联系形成的有机体及其发展的全过程。成效评价，作为一种高度综合性的评估方法，凭借其全面性与准确性，能够深入揭示事物的实际运行状态与发展水平，为科学决策提供有力支撑。在"双一流"建设工程的宏大背景下，这一复杂而多元的系统工程囊括了多样化的高校类型与广泛的学科范畴。然而，传统评价模式往往采用"一刀切"的简化处理，忽略了高校与学科间固有的差异性与独特性，进而引发了一系列偏离实际、缺乏针对性的问题。相比之下，成效评价以其对个体差异的深刻尊重与内涵式发展的核心理念，为"双一流"建设的真实状态与进展提供了更为全面、客观、精准的呈现，对于推动高等教育事业的健康发展具有重要意义。

其次，层次性表征着系统的结构和秩序。立足于特色发展与持续精进的核心指导思想，成效评价体系以其独特的视角，深刻剖析并精准呈现了"双一流"建设这一复杂系统的内部结构特征与运行逻辑。鉴于"双一流"建设框架内，各高校及学科间存在着显著的多样性与异质性，它们各自遵循着独特的发展轨迹，依托于不同的资源禀赋，并致力于实现各具特色的战略目标。因此，在"双一流"建设政策的规划与推进过程中，充分体现了对参与高校及学科具体实际情况的深度洞察与精准把握。政策制定者通过科学设定建设目标，并灵活安排实施时序，采取差异化的策略布局，以确保政策能够精准对接各高校及学科的实际需求，从而有效提升政策的针对性与实效性，推动"双一流"建设事业不断迈向新的高度。2017年，教育部、财政部和国家发展改革委联合发布的《统筹推进世界一流大学和一流学科建设实施办法（暂行）》中提出，到2020年，若干所大学和一批学科进入世界一流行列，若干学科进入世界一流学科前列；到2030年，更多的大学和学科进入世界一流行列，若干所大学进入世界一流大学前列，一批学科进入世界一流学科前列；到2050年，一流大学和一流学科的数量和实力进入世界前列。"双一流"建设"三步走"方略客观上呼唤评价范式的改进。在此背景下，成效评价对于扭转"一视同仁"的盲目评价传统，构建分类评价体系，激发建设高校和学科保持战略定力，合理定位，进行特色化和差异化发展具有重要意义。

2. "双一流"建设成效评价的内涵

"双一流"建设的特殊使命决定了其评价方式必须发挥引领示范作用。与传统评价方式相比，"双一流"建设成效评价的独特内涵主要体现在针对性、集成性、诊断性和动态性等四个方面。

（1）成效评价具有针对性。"五唯"顽瘴，即唯论文、唯帽子、唯职称、唯学历、唯奖项的倾向，已成为制约"双一流"建设成效评价的核心症结。其根源在于过度强化结果性评价，而忽视了过程性评价的重要性，导致评价体系的偏颇与片面。进一步分析，"五唯"现象的产生，归咎于评价主体与内容的单一性，而成效评价则致力于构建多主体参与的机制，摒弃以数量、条件、排名为唯一标准的评价方式。通过不断优化评价理念与方法，分类呈现评价结果，并突出质量、服务及贡献等核心要素，成效评价旨在全方位、多维度地克服"五唯"顽疾。这一评价体系不仅与"双一流"建设的实际需求高度契合，更深刻体现了教育评价改革的本质要求与未来方向。

（2）成效评价彰显集成性。成效评价作为新时代教育改革领域的重要组成部分，是"四个评价"（即结果评价、过程评价、增值评价、综合评价）改革理念的集中体现与实践载体。这一评价体系的构建，旨在通过科学、全面的评估手段，准确反映教育改革与发展的实际成效，进而推动教育质量的持续提升。在改进结果评价方面，成效评价以其多视角、多维度的特性，有效弥补了传统结果评价单一性、片面性的不足。它不再局限于单一的成绩或产出指标，而是从多个角度、多个层面综合考量教育活动的成果，从而更加全面、准确地反映教育的真实效果。同时，成效评价还强调过程评价与增值评价的重要性。通过实施成效评价，我们得以从静态的判断转向动态的监测，不仅关注教育活动的最终结果，更重视其过程中的变化与发展。增值评价的引入，则进一步强调了提质增效和持续改进的理念，鼓励在原有基础上实现更大的价值增值。在健全综合评价方面，成效评价彻底改变了以往单一结果评价的方式，转而采用系统、全面的评判方法。这种评判方式不仅关注教育的直接成果，还充分考虑了教育的间接影响、长远效益以及与社会、经济、文化等各方面的关联，从而彰显了整体、系统、发展的思维方式。在"双一流"建设实践中，各建设院校在周期内需进行自我评估，同时教育部也会委托相关机构进行定量、定性及第三方评价。最终，由专家委员综合各方意见，形成全面的评价结论。这一过程不仅体现了"四个评价"的改革理念，也为"双一流"建设的持续推进提供了有力的支撑和保障。

（3）成效评价强调诊断性。问题导向、诊断把脉、以评促升是成效评价的目标定位。传统评价方式多采用"单位提交自评材料—行业专家评价—管理部门审定"的固化模式，然而，这一模式往往受限于静态指标的专断性、主观经验的泛滥以及科学性的缺失，导致评价过程过于侧重外延性指标的考量。这种单一维度的评价倾向，不仅难以全面反映评价对象的真实水平，还往往使评价结果异化为简单的"排行榜单"，忽略了评价应有的诊断与提升功能。相较于传统评价，成效评价更注重内涵发展和特色发展，它深入关注评价对象的过程性表现、特色优势以及成长提升的轨迹。在"一流目标、需求导向、分类评价、以评促建"的评价原则下，成效评价采用区间和梯度分布的形式，力求使评价结果更具层次感和指导性，更类似于一份详尽的"诊断清单"。诊断性评价能够综合多元主体的评价结果，为科学、专业、客观地评价"双一流"建设成效提供有益的尝试。同时，它还能有效引导高校和学科坚持正确导向，持续推动高等教育向高质量、内涵式的方向发展。

（4）成效评价突出动态性。动态性是成效评价鲜明的时代特征，它要求评价体系能够灵活适应快速变化的教育环境与发展需求。信息技术的飞速迭代，特别是大数据、云计算及人工智能等前沿技术的兴起，为"双一流"建设成效评价带来了前所未有的变革机遇，使得评价手段更加多元化、智能化。传统评价模式多依赖于被评对象提交的材料，这种方式不仅易受主观因素干扰，而且难以实时、全面地反映评价对象的发展动态。大数据方法的引入，将深刻改进评估设计，使得评价过程更加精准高效。信息技术赋能的成效评价，凭借其强大的数据处理能力，实现了对评价对象发展状态的动态监测与实时反馈，为决策者提供了一种全新的、基于数据的参考范式。进一步地，这种评价模式通过预警机制的建立与未来趋势的预测，促进了教育实践的持续改进，指明了未来教育评价改革的发展方向与必然趋势。

（二）"双一流"建设成效评价的价值

第一，"双一流"建设作为党和政府着力推进的重大战略部署，其重要性不言而喻，它不仅是提升我国高等教育质量的关键举措，更是关乎高校自主创新能力提升以及加速社会主义现代化国家建设进程的核心要素。

在当前双循环新发展格局与国际竞争日趋激烈的背景下,提高自主创新能力已被确立为实现社会主义现代化国家目标的核心理念。高校作为科技创新的重要园地,承担着释放基础研究、科技创新潜力的重任,其角色与任务聚焦于对接国家战略需求,加强基础学科的创新引领作用,力求在关键技术领域实现突破。然而,我国高校仍面临诸多挑战,包括在"卡脖子"技术领域的人才短缺与技术瓶颈,与世界一流大学相比存在的差距,以及基础学科拔尖创新人才培养不足和原创性成果缺失等问题。"双一流"建设的成效,因此,将成为影响我国社会主义现代化建设全局的关键因素,其成功实施对于提升国家整体创新能力和国际竞争力具有不可估量的价值。

第二,"双一流"建设作为我国教育强国战略的具体实施路径,其成效不仅直接反映了国家的教育质量,更是衡量国家教育实力与国际竞争力的重要标尺。党的十九届五中全会明确提出到 2035 年建成社会主义现代化强国,建成教育强国、人才强国等战略目标。深入推进"双一流"建设,无疑是实现高等教育强国目标的关键所在。随着高等教育逐渐走向普及化,多样化已成为其主要特征。在此背景下,"双一流"建设高校明确定位于精英教育,致力于培养高层次创新型人才,以满足国家和社会发展对顶尖人才的迫切需求。"双一流"建设高校的根本任务在于瞄准国际一流水平,不断推进知识创新,这不仅是新时代高质量高等教育体系建设的核心环节,也是我国迈向教育强国之路的必然要求。

第三,教育评价改革在教育领域全面深化改革的大潮中扮演着至关重要的角色,而"双一流"建设成效评价不仅是这一改革进程中的关键一环,更是新时代教育改革方向的重要风向标。教育评价改革的总体导向,如同指南针一般,深刻引领着"双一流"建设高校的办学方向与发展路径,为高等教育质量的全面提升提供了坚实的制度保障与价值引领。在新时代教育评价改革的宏伟蓝图中,几个核心要素被赋予了新的内涵与重要性。首先,推行分类发展的高校评价体系,旨在打破传统的一刀切评价模式,特别强调拔尖创新人才的培育以及基础学科、关键技术领域的原创性知识创新，以此推动高等教育的多样化与特色化进程。其次，坚持师德优先的高校教师评价标准，将专业素养与师德修养并重，致力于构建一支既具备深厚学术造诣又拥有高尚道德情操的高素质教师队伍。此外，倡导综合发展的高校学生评价理念，从以往单一的知识掌握维度转向对学生全面发展能力的关注，以期促进学生综合素质的全面提升。同时，实施贡献增值的学科评价策略，不仅关注学科当前的实力与水平，更重视其整体发展态势、成长潜力及可持续发展能力，以学科建设为引擎，驱动高校实现内涵式跨越发展。最后，强调效率优先的高校内部质量评价机制，通过不断提升评价的科学性、专业性与有效性，确保教育评价体系的公正性、客观性与权威性，为"双一流"建设及整个高等教育事业的蓬勃发展提供有力支撑。

总之，"双一流"建设成效评价，作为一场多主体、多维度、多视角的实践探索，正逐步深化并引领着我国高等教育迈向新的高度。

（三）"双一流"建设成效评价的方向

2021年3月，教育部、财政部、国家发展改革委联合印发《"双一流"建设成效评价办法（试行）》（以下简称《办法》）。《办法》明确了"双一流"建设成效评价的原则、重点、组织方式及结果运用，对我国高校遵循教育规律、聚焦新格局发展需求、建设高质量高等教育体系具有重要的指导作用，同时也明确了"双一流"建设成效评价的改革方向与任务要求。这是落实《深化新时代教育评价改革总体方案》的重要评价文件，既明确了"双一流"建设成效评价的方向，也将其与学位与研究生教育、本科教育教学、高校学科评价、科研评价相结合，共同支撑新时代的高等教育评价改革。

第一，明确了"双一流"建设成效评价的意义和原则，致力建设高质量教育体系，体现了服务国家重大战略需求的使命感。"双一流"建设成效评价旨在实现社会功能与组织功能的和谐统一,确保高等教育发展既符合国家战略导向,又能充分彰显各高校的独特性与发展需求。在此框架下,评价的核心在于精准对接国家重大战略需求,以服务国家现代化建设为根本宗旨,同时深度尊重并促进高校自身发展目标、学科特色及办学自主权的实现。评价原则方面,首先强调需求导向与服务贡献的核心地位,特别是在自然科学领域,力求原始创新能力的突破性进展;在人文社会科学领域,则重视具有创新性和先导性的研究成果,以此推动知识创新与社会进步。此外,实施分类评价策略,旨在引导高校依据自身类型与特色,精准定位,差异化发展,鼓励在各自领域内追求卓越,形成一流特色,从而更好地服务于国家发展大局、区域经济社会发展、行业创新以及学校与学科的特色化建设需求。

第二,明确了"双一流"建设成效评价的属性和重点,重视增值评价,体现了"双一流"建设的成长性。"双一流"建设成效评价实现了普遍性与特殊性的有机统一,不仅全面考量高校的整体发展水平、成长提升幅度及可持续发展潜力,还特别强调对特色化发展路径的评估,以及基于结果导向的增值评价理念。具体而言,《办法》中对于学科建设评价的规定,细致入微地涵盖了人才培养、科学研究、社会服务及教师队伍建设等四大维度的综合成效评估。而在大学整体建设评价层面,则进一步拓展了评价视野,将文化传承创新、国际交流合作等关键要素也纳入其中,形成了更为全面、立体的评价框架。尤为值得一提的是,在学科研究评价方面,《办法》特别强调了对于构建中国特色哲学社会科学体系的独特贡献评价,鼓励思想理论的原创性突破与创新性发展,并明确要求人文社科类研究应紧密围绕服务国家资政决策的重大需求,从而明确了该领域研究的评价导向与实践价值所在。此外,在一流人才培养的评价维度上,该体系聚焦于学生学习效果的实质性提升,将学生就读体验与学习成果的达成度作为衡量教学质量的核心标尺。同时,通过动态监测人才培养质量与学科团队绩效的持续增长情况,为教育质量的持续优化与提升提供了有力的制度保障与导向引领。对于一流科研成果的评价，则更加重视其服务国家重大战略需求的实际效能，特别是在基础学科领域的原始创新能力与解决关键核心技术问题的能力上，通过严格的考察机制，确保科研成果的学术价值与社会影响的双重提升。此外，"双一流"建设成效评价还特别强调可持续发展能力的评估，不仅关注当前的发展成效，更着眼于高校与学科的长远发展潜力，鼓励其建立前瞻性的战略规划，为未来的持续进步奠定坚实基础。

第三，明确了"双一流"建设成效评价的标准和方式，注重综合评价，体现了"双一流"建设的系统性。在评价内容方面，"双一流"建设成效评价包括一流大学建设成效与一流学科建设成效，涵盖人才培养、创新能力、服务贡献、国际交流与合作等多种核心要素。《办法》特别强调教师队伍建设成效和文化传承创新成效的评价，突出了师资队伍保障和体现中国特色的内容。"双一流"建设评价内容是多维的整体，应重视一流大学与一流学科、学科建设与人才培养、科学研究与学科建设等关键评价内容之间的辩证关系。

在评价标准方面，"双一流"建设成效评价秉持一种综合性的理念，旨在将全球范围内的一流共性标准与中国的独特国情相结合。这一标准不仅追求国际上的卓越水平，参考全球高等教育的发展趋势和先进经验，同时也着重考虑各个学校与学科的独特性质，倡导差异化的分类评价。具体而言，就是在确保评价体系的国际可比性的同时，充分尊重和激发我国高等教育的多样性和创新性。

在评价方法方面，"双一流"建设成效评价实行定量评价与定性评议相结合的方式，以确保评价的全面性和客观性。利用公开数据和第三方评价及监测数据进行精确的定量分析，可以直观地反映建设成效。同时，组织权威专家对进展报告、自评报告等深度材料进行细致的定性评议，能够更深入地理解"双一流"建设的内涵和实质进展。

在评价主体方面，"双一流"建设成效评价致力于形成一种多元协同的治理模式。强化高校在自主评估中的主体地位,调动其积极性和创造性;同时,充分发挥同行专家的专业指导作用,确保评价的科学性和权威性。此外,合理参考第三方评估结果,有助于提升评价的全面性和公正性,从而共同推动教育治理体系的现代化进程。

第四,明确了"双一流"建设成效评价的模式和机制,注重持续建设,体现了"双一流"建设的发展性。

"双一流"建设成效评价在关注高校与学科当前发展成效的同时,还关注高校与学科发展的潜力,评价高校与学科的可持续发展能力。

首先,在评价模式上,强调水平评价与效益考核两者相融合,旨在从多维度、全方位地审视建设高校及其学科在基础实力累积、社会贡献度以及特色化发展等方面的综合成效。此评价模式不仅高度关注当前已取得的显著成果及其对高校整体发展的积极推动作用,而且更加注重挖掘未来的成长潜力与可持续发展能力,力求构建一个既能精准反映当前现状,又能有效预见未来发展趋势的综合性评价体系,从而为"双一流"建设的深入推进提供更为科学、全面的评估依据。

其次,在评价机制上,强调建立长效监测机制,通过实施常态化、动态化的监测体系,对大学及其学科的建设进程实施持续性的跟踪、即时性的监测与科学性的评估。这一机制的优势在于,能够及时发现并精准诊断建设过程中存在的潜在问题,从而为政策的适时调整提供坚实的数据支撑与决策依据,确保大学与学科建设始终沿着正确的方向稳健前行。同时,周期评价环节则依托于动态监测所累积的丰富过程信息与数据资源,进一步确保了评价结果的客观公正与准确无误。

最后,在评价结果运用上,强调动态调整与持续改进。评价结果被视为下一轮建设范围调整的关键参考坐标,依据综合评估的优劣表现,动态地调整对各建设项目的支持力度。此举旨在构建一个优胜劣汰的良性竞争机制,激励高校及其学科持续追求卓越与创新。同时,该机制还能有效规避身份固化及"贴标签"等不利现象，为高等教育事业的持续健康发展注入强劲动力。

总之，"双一流"建设高校要坚持以评促建，注重内涵发展。"双一流"建设是一项复杂的系统工程，也是一个长期的动态建设过程，"双一流"建设计划可以有终点，但高等学校高质量发展、追求卓越的进程没有止境。

（四）"双一流"建设成效评价的反思

第一，正确认识和妥善处理高校服务国家战略需求与学校自主发展需求的关系，实现社会功能与组织功能的统一。众所周知，"双一流"建设的核心要义在于紧密贴合国家重大战略需求，将服务区域经济社会发展及行业进步作为根本导向，并将此作为衡量建设成效的关键指标。这一战略导向要求高等教育机构在追求学术卓越的同时，必须积极响应国家和社会发展的实际需要，实现科研与应用的深度融合。在遴选与评价机制上，遵循"需求导向，聚焦服务贡献"的原则，旨在确保学科建设与社会需求的高度契合。然而，在实践中，高校可能面临一流学科并非其传统特色或主流学科的挑战，这要求高校在保持学科多样性的同时，灵活调整学科布局。此外，高校在制定发展规划时，需平衡服务国家战略与强化一流学科建设的双重目标，尊重自身办学规律和发展目标定位，科学谋划，以促进学校的全面、协调与可持续发展。这一过程不仅是高校自主办学能力的体现，也是提升教育治理现代化水平的关键环节。

第二，正确认识和妥善处理中国特色与世界一流的关系，实现国际化指标与本土化指标的统一。"双一流"建设作为一项国家战略，明确要求高等教育机构必须坚持中国特色与世界一流的有机结合，旨在构建既符合本土发展需求又具备国际竞争力的高等教育体系。在此框架下，高等院校的功能定位被明确为培养具有创新精神的高素质人才，并推动知识创新，以促进社会进步和经济发展。其评价标准不仅追求国际上的卓越地位，还需获得国内外学界的广泛认可。同时，高校需深植于中国实践，聚焦解决中国实际问题，积极服务国家治国理政大局。在此过程中，核心挑战在于如何巧妙兼顾国际标准与本土需求，实现两者的深度融合与协同发展。

第三，正确认识和妥善处理一流大学建设与一流学科建设的关系，实现学科建设水平提高与学校整体实力提升的统一。一流大学与一流学科的建设是高等教育领域内两个相辅相成、互为支撑的关键要素。在构建一流大学的过程中，高峰学科的建设发挥着举足轻重的作用，它们不仅能够形成学校的核心竞争力，还能引领和推动学校的整体发展。与此同时，一流学科的建设也不应孤立进行，而应通过其引领作用，带动学校其他学科的整体提升，形成学科间的良性互动与协同发展。为此，需要优化学科布局，促进学科间的交叉融合，打破传统学科壁垒，孕育出新的优势学科或学科群。在此过程中，应集中资源对潜力学科进行重点扶持，以培育更多高峰学科。同时，还应着力破解当前面临的高峰学科数量不足、学科交叉融合力度不够等难题，通过创新机制体制，为一流大学和一流学科的建设提供有力保障。

第四，正确认识和妥善处理重点高校建设项目与学校长远发展的关系，实现高校短期目标与长远目标的统一。"211""985"及"双一流"建设等国家高等教育政策导向的实施，不仅彰显了国家对高等教育事业的深远规划，更在实践中极大地促进了我国高等教育的快速发展与整体质量的飞跃。尤其是"双一流"建设及其相应的成效评价机制，不仅深刻体现了国家对高等教育现代化与高质量发展的战略考量与高度重视，而且为优化高等教育结构布局、全面提升教育质量提供了坚实的制度保障与有力支撑。然而，在实施过程中，如何科学合理地协调成效评价与动态调整机制之间的关系，确保其与高校内涵式建设及长远发展目标的高度契合，已成为当前教育改革领域亟待解决的重要议题。为此，国家和地方政府应充分尊重并保障高校的自主办学权利，通过制定科学合理的政策引导与扶持措施，激励高校依法自主发展、创新发展，从而推动整个教育事业的可持续进步与繁荣发展。

二、动态监测：高等教育成效评价的有效工具

如今，互联网、云计算、元宇宙等信息技术迭代为教育评价注入了思想活力，也加速了评价理念和方法的革新。监测评估思想理念因此应运而生，并成为高等教育成效评价的重要基础和有效工具。

（一）动态监测的主要特征

监测评估是为多元主体价值判断和科学决策提供客观依据，支持持续改进的评价新类型。动态监测是监测评估思想理念的实践应用，其主要特征与监测评估是一脉相承的，主要回答评估为谁服务和为什么评估的根本性问题。

1. 多元判断

多元判断是动态监测的理念倡导。做出判断是任何评价行为无法回避的问题。判断行为本身是一个复合过程，通常涵盖事实判断与价值判断两个维度，前者关注客观事实的确认，后者则涉及主观价值的赋予。然而，传统评价体系往往展现出其局限性，评价主体单一，将事实判断与价值判断紧密捆绑，并倾向于追求单一的价值尺度，主要服务于少数利益群体的需求。

相比之下，动态监测机制依托信息技术的支持，实现了事实判断与价值判断的相对剥离，强调了多元利益相关者的共同参与和持续互动。在"双一流"建设的动态监测实践中，政府、高校、社会等多元利益相关者基于各自的需求和利益诉求，共同承担起评价职责，形成了优势互补、全程参与的格局。这种评价模式的转变，体现了"平等和共建"的新理念，能够

产生多元化的评价结论，更好地满足评价主体多样化、个性化和精准化的需求，为"双一流"建设提供了更为全面和科学的评估视角。

2. 科学决策

科学决策是动态监测的核心追求。传统评价方式往往基于有限的事实性基础，其固有的局限性容易导致"以偏概全"的片面结论，从而影响决策的有效性和全面性。相对而言，现代信息技术，作为计算机科学与电信技术深度融合的产物，具备处理多样化、大规模信息的能力，为决策支持系统带来了革命性的变革。

动态监测作为一种先进的信息处理与应用机制，其核心功能在于能够持续不断地进行数据采集、存储与分析，进而提炼出有价值的知识与洞察，为决策者提供强有力的知识支持。特别是在面对如高等教育系统这样的复杂社会子系统时，其内部各要素间以及系统与外部环境间的关联错综复杂，传统评价方式因缺乏系统性的分析视角而显得力不从心。动态监测的优势在于，它能够全面覆盖高等教育系统的内外部多个层面数据，通过深度挖掘与综合分析，有效提升决策的科学性和前瞻性，为高等教育管理的现代化转型提供坚实支撑。

3. 持续改进

持续改进是动态监测的价值旨归。评价的核心要义聚焦于"改进"而非简单的"证明"。传统评价方式因受制于成本投入与技术水平的局限，往往导致反馈机制的滞后性及评价效果的单一性，难以满足教育发展的多元化需求。然而，现代信息技术的飞速发展为摆脱这一困境提供了可能，它使得常态化的数据采集与即时反馈成为现实，显著缩短了评价周期，并极大增强了评价过程的互动性。这一转变不仅提升了诊断的效能，为持续的教育改进奠定了坚实基础，还促使评价定位向动态监测的新范式转变，成为促进诊断与改进的有力工具，而非仅仅作为控制或决断的依据。究其根本目的，在于通过精准的干预措施，引导教育实践向着更加科学、合理的方向发展，从而实现教育质量的全面提升。

（二）动态监测的功能价值

动态监测是继"测量、描述、判断和建构"四代评价范式之后的新评价模式。因此，其功能价值与传统的评价范式存在根本性区别。

1. 呈现客观状态

动态监测作为高等教育系统运行状态及其变化的核心手段，旨在通过持续的数据采集与实时反馈，全面、深入地认知并记录教育系统的运行轨迹。相较于传统的评价方式，动态监测展现出独特的优势。终结性评价注重最终结果，其单向度的特点使得它往往形成一种静态的、最终的价值判断。而形成性评价虽关注过程，但仍缺乏动态监测的持续性和实时性。动态监测则是一种双向度的评价方式，它不仅关注结果，更重视过程的持续追踪与及时反馈，从而推动高等教育的适时改进。

在适用阶段上，传统评价更适用于高等教育外延式发展的阶段，而动态监测则更契合于内涵式发展的需求。实施动态监测需要构建科学的指标体系，明确评价标准，通过严谨的数据分析，描述教育结果，记录并呈现教育状态的变化。在状态呈现上，动态监测注重时间上的历史追踪、空间上的过程关注以及目标上的变化跟踪，为高等教育的持续改进提供了有力的支持。

2. 实施质量预警

质量预警是对高等教育系统在运行过程中可能遭遇的问题与潜在风险进行及时的认知与警示。相较于传统的高等教育评价方式，后者多侧重于进行价值判断，旨在为决策提供科学依据并进行相应的干预；而质量预警则在此基础上实现了跃升，它不仅是状态呈现的自然延伸，更是高等教育内涵式发展路径上的一次全新探索与实践。

质量预警机制作为一种灵敏的信息反馈系统,对构成高等教育系统的各关键要素实施着动态监测。当某些指标接近或达到预设的临界值时,该机制会立即发出警示,并对风险程度进行深入的评估与分析。在此过程中,对临界值要素的细致分析显得尤为重要,它直接关系到预警机制的准确性与有效性,是衡量其合理性的关键所在。从时间维度来看,质量预警关注的是高等教育的现实运行状态;从空间维度分析,它特别重视系统的边界特征;而从目标导向上讲,质量预警则明确地将风险预防置于首位。

3. 开展发展预测

发展预测是对高等教育系统运行未来趋势的一种认知过程。传统评价主要聚焦于对过去和当前状态的评估,而发展预测则显著地突出了动态监测的特征。其基础在于通过动态监测手段,系统地采集、清洗、呈现并分析历史数据。预测过程包括明确预测目标、选定适宜的时间跨度、构建科学预测模型以及对预测结果进行严格验证。时间跨度依据预测目标的具体需求和数据的可获得性,可分为短期、中期和长期预测。发展预测在时间上着重关注未来,空间上注重整体趋势特征的把握,其最终目标在于对高等教育系统的发展趋势进行科学预测。

(三)"双一流"建设动态监测的实践价值

"双一流"建设成效评价是检视《深化新时代教育评价改革总体方案》落实的窗口,而动态监测又是实施成效评价的重要基础。从首轮"双一流"建设成效评价理念、机制和结果使用等方面看,动态监测具有重要的实践价值,有力地提升了成效评价的科学性、专业性和客观性。

1. 评价理念——契合了"重过程"理念

动态监测本质上是过程监测，这与首轮"双一流"建设成效评价中强调的"重过程"评价理念不谋而合。在"双一流"建设背景下，动态监测不仅关注最终的建设成果，更重视建设过程中的每一个环节与细节，确保建设活动能够按照既定目标稳步推进。新时代教育评价改革要求评价体系的多元化与全面性，动态监测正是这一要求的实践探索。它强调多主体、多维度、多视角的评价方式，旨在通过不同层面的信息反馈，为"双一流"建设提供更为精准、全面的评价依据。这种评价方式不仅有助于发现建设过程中的问题，还能及时总结经验，为后续建设提供有力支撑。在"双一流"建设初期，"双一流"建设启动伊始，教育部、财政部和国家发展改革委发布的《统筹推进世界一流大学和一流学科建设实施办法（暂行）》中就明确指出，要加强过程管理，及时跟踪指导。为此，教育部采取了多种方式，如专题研修、现场推进等，对建设高校和学科进行个性化指导，以期在尊重各高校和学科特色的基础上，推动其实现更高质量的发展。中期和期末评价作为"双一流"建设成效评价的重要环节，分别于 2019 年和 2020 年进行。中期评价以高校和学科的自我评价及专家审议为主要形式，旨在检查建设进度，发现潜在问题；而期末评价则要求高校和学科提交总结报告和典型案例，全面展示建设成果。2020 年首轮"双一流"建设周期结束后，教育部上线了监测数据填报系统，组织完成年度监测数据填报工作。这一系统的上线，不仅提高了数据收集的效率与准确性，更为"双一流"建设成效评价提供了强有力的数据支持。综观整个"双一流"建设成效评价过程，"重过程"理念贯穿始终，成为最突出的特色。这一理念的实施，不仅确保了"双一流"建设的稳步推进，更为我国高等教育质量的全面提升奠定了坚实基础。

首轮"双一流"建设成效评价凸显了动态监测多元判断、科学决策和持续改进的主要特征。在评价过程中，多元主体通过协商沟通，互换意见，引导高校和学科在建设过程中不唯排名和数量指标，根据监测信息反馈，坚持争创世界一流的导向，及时纠偏，有力地推动了建设主体在具有可比性的领域迈向世界一流行列或前列。

2. 评价机制——贯穿了"全过程"环节

动态监测是"双一流"建设成效评价的重要基础。首轮"双一流"建设成效评价采用动态监测与周期评价相结合的方式。其中，动态监测又是周期评价的主要信息和数据来源。自 2017 年"双一流"建设高校及学科名单正式公布以来，动态监测机制便被迅速提上实施议程，旨在通过持续的数据收集与分析，实时反映建设进展。2020 年 1 月，教育部正式发布了《"双一流"建设监测指标体系（试行）》，该体系遵循方向正确性、服务导向性和内涵发展三大原则，精心设计了高校与学科两个维度的监测体系。具体而言，高校监测指标体系涵盖 79 个监测点，学科监测体系则包含 42 个监测点，数据来源广泛，包括但不限于社会公开数据、政府官方统计数据以及高校自主填报数据，确保了数据的全面性和多样性。值得注意的是，该指标体系创新性地设置了"其他标志性成果"这一留白监测项目，为高校和学科提供了展示自身特色与亮点的空间，鼓励多元化发展。动态监测以自然年为基本时间单位，对 2016 年至 2019 年四年间的数据进行了全面覆盖，实现了对"双一流"建设进程的细致追踪。此外，动态监测机制还实现了对大学整体建设及学科建设的全过程连续跟踪与一体化评估，不仅关注结果，更重视过程管理，有效促进了评价工作的深度与广度。基于动态监测所积累的大量过程信息与数据，周期评价得以更加科学、客观地进行，显著提升了首轮"双一流"建设成效评价的质量与公信力，为后续建设提供了有力依据与改进方向。

3. 评价结果——实现了"多元多维"目标

与传统的评价相比，"双一流"建设成效评价更加关注内涵建设的深化与特色发展的促进,旨在全面满足多元主体的需求,同时强调持续的提升过程与多元多维的目标实现。其动态监测功能作为重要支撑,能够实时、准确地呈现建设的当前状态,不仅承担着质量预警的重任,还具备发展预测的前瞻性任务。这一功能的实现,依托于常态化的建设监测体系,该体系通过定期提供全面的信息与数据反馈,满足了多元判断的需求,为科学决策提供了坚实的基础。质量预警与预测机制进一步为成效评价的多维目标提供了有力支撑,有效推动了"以评促建"目标的达成。作为过程诊断与调节的重要手段,"以评促建"注重持续地改进与优化,通过营造"评建结合"的良好文化氛围,为"双一流"建设的持续深化注入了新的活力与动力,确保了建设目标的顺利实现与长效发展。

首轮"双一流"建设的周期性评价结果也发挥了不同于传统评价结果的作用,彰显了关注内涵建设、特色发展的多维目标。首轮"双一流"建设中,共有 15 所高校的 16 个学科因发展滞后而被公开警示,凸显出评价体系的严格性与透明度。值得注意的是,这些被警示的学科并未立即被调整出建设范畴,而是被授予了两年的整改期限,以期通过针对性改进提升质量。周期性评价不仅是对过往建设的总结,更发挥了质量预警的重要作用,促使各方深刻认识到"双一流"建设任务的长期性、复杂性和艰巨性。同时,对于建设成效显著的高校,赋予了更大的自主权,允许其根据自身优势和发展预测自主确定建设学科,这一举措充分体现了动态监测与灵活调整的策略导向。

(四)"双一流"建设成效评价的未来展望

在首轮"双一流"建设成效评价的基础上,如何在新一轮"双一流"建设过程中进一步发挥动态监测的诊断功能,强化成效评价的改进功能,有待在以下方面进行尝试。

1. 克服"五唯"顽瘴，进一步强化建设过程监测理念

在首轮"双一流"建设成效评价中，过程监测理念的积极作用得到了显著体现。这一理念的核心在于，通过实施常态化的建设监测体系，实现对高校建设过程的全面跟踪与及时反馈。作为该理念的重要实施载体，常态化监测体系的构建显得尤为重要。主管部门通过多样化的方式，如专题研修、现场推进等，及时向高校提供个性化反馈，帮助其修正建设思路，确保建设任务的顺利完成。同时，监测体系还注重吸纳高校作为评估客体的积极参与，充分尊重其办学主体性，从而有效避免消极抵触情绪的产生。高校的参与不仅增强了评估信息的真实性，也提高了评估结论的有效性。过程监测理念强调主客体共同参与、协商沟通、合作共赢，促进了教育评估的良性发展。

与首轮"双一流"建设相比，第二轮"双一流"建设新增 7 所高等院校与 43 个建设学科（不包括自行确定建设学科），使得总体规模达到 147 所高校及 433 个建设学科（不包括自行确定建设学科）的崭新格局。此轮扩展不仅横跨基础科学、工程技术以及哲学社会科学等多个关键领域，而且所有新增项目均严格遵循国家急需、高水平及整体达标的遴选标准，精准对接国家发展战略需求，体现了以国家战略为引领的布局指南。未来评价体系的革新方向，着重于克服长期存在的"五唯"顽瘴思想，转而采用更为全面综合的评估视角，深度考察学科的匹配度与发展度，力求评价的科学性和前瞻性。同时，强化过程监测机制，通过持续采集动态数据，加强事中的评价反馈环节，促进及时纠错与持续改进，确保建设路径的正确性。此外，分类评价机制得到进一步倡导，旨在激励各高校及学科依据自身特色，明确发展定位，凝练独特优势，积极争创世界一流。增效评价成为新的关注点，强调在保障质量稳步提升的基础上，既要对照国际最高标准，也要紧密贴合国家发展需求，凸显中国高等教育的特色与贡献，全面提升我国高等教育的全球竞争力和影响力。

2. 强化评价的诊断功能，进一步优化动态监测体系

动态监测体系作为评价领域的一项创新性实践，其构建与首轮"双一流"建设的步伐紧密相连，尽管两者同步启动，但动态监测体系在建设末期才真正得以落地实施。目前，这一体系尚处于磨合期，各项功能尚未完全释放，其潜力和效用有待进一步挖掘和展现。

首轮"双一流"建设在实践中暴露出了一系列问题，其中最为突出的是高层次创新人才的供给明显不足，无法满足国家对于顶尖人才的需求。同时，在服务国家战略需求方面存在不精准的现象，导致部分资源未能有效对接国家重大战略。此外，资源配置也亟待优化，传统"计划主导"的方式已难以适应当前国家发展的多元化和快速变化的需求。

针对首轮"双一流"建设中的这些问题，教育部、财政部和国家发展改革委发布的《关于深入推进世界一流大学和一流学科建设的若干意见》指出，虽然首轮建设成效明显，但是仍然存在高层次创新人才供给能力不足、服务国家战略需求不够精准、资源配置亟待优化等突出问题。传统"计划主导"的人才供给和资源配置方式已经不能满足国家发展的需求。在此背景下，动态监测需持续采集、动态追踪各类活动、环境、措施、资源等过程要素的状态信息，并进行客观写实和及时反馈。这一举措旨在通过精准的数据驱动，解决第二轮"双一流"建设中的突出问题，推动高等教育质量的全面提升。

3. 落实"双一流"建设高校主体地位，探索"监测—改进—评价"新模式

首轮"双一流"建设成效评价通过强化过程监测并引入动态监测体系，为当前我国教育评价体系的深化改革奠定了良好开端。这一举措充分践行了"以评促建，以评促升"的核心理念，旨在通过科学评价推动高等教育质量的持续提升。然而，作为教育领域的新探索，过程监测理念与动态

监测体系尚处于初步的摸索与磨合阶段。在实施过程中，仍存在若干问题亟待解决，包括监测的实时性不足、监测与后续改进工作的衔接不够紧密，以及动态评价的全面性与第三方评价的参考价值有待进一步强化与优化。

第二轮"双一流"建设进一步明确要构建以创新价值、能力和贡献为导向，反映内涵发展和特色发展的新时代教育评价模式。内涵发展，作为一种强调"质"的飞跃的教育哲学，其实现必然基于"量"的积累与夯实，旨在通过深化教育改革，实现教育质量的实质性提升。而"特色"，则是指每所高校在教育实践中形成的显著区别于他者的独特风格与形式，是高等教育多样性的重要基石。此轮改革将评价体系的出发点与落脚点牢牢锁定在高校这一主体上，强调高校在自我评价与持续改进中的主体地位。新机制明确要求坚持高校的建设主体地位，通过实时动态监测与跟踪，及时捕捉并反馈高校发展状态，精准评估建设目标的达成度，从而引导高校形成针对性强、实效性高的改进措施。同时，新机制鼓励日常动态评价的实施，并倡导科学、合理地利用第三方评价资源，以形成政府、高校及多元社会主体共同参与的"三位一体"评价新模式，共同推动高等教育质量的全面提升与特色发展。

第五章 "双一流"建设背景下高校科技期刊的发展

第一节 "双一流"背景下高校科技期刊面临的挑战与机遇

"双一流"建设作为国家推动高等教育内涵式发展的重要战略，为高校提供了强有力的政策支持和资源保障，极大地助力了高校的全面发展。入选"双一流"建设高校名单的院校，不仅获得了国家层面的资金资助，更在人才培养与科研创新方面取得了显著成效。随着科技创新投入的持续增加，高校的学术生产能力得到显著提升。在此背景下，高校科技期刊面临着前所未有的机遇与挑战。高校逐渐意识到创办一流科技期刊对于提升学校学术影响力和知名度的重要性，因此纷纷加大投入，依托自身学科优势，创办高水平科技期刊，这些举措不仅促进了学科的发展，也进一步提升了学校的整体声誉。

一、"双一流"建设中高校科技期刊面临的挑战

（一）高校科技期刊难以吸引优质稿源

高校科技期刊作为高等教育与科技创新深度融合的结晶，自诞生以来便肩负着推动学术进步、促进科技交流及人才培养的重大使命。它们不仅

是科研成果展示的重要平台，也曾是广大师生热衷关注与参与的学术阵地，承载着记录和传播前沿科学探索、优秀技术创新成果的重任，对于提升高等教育质量、加速科技进步、繁荣科技事业具有不可小觑的贡献。

然而，随着近年来高等教育规模的迅速扩张与科研水平的显著提升，高校科技期刊的整体发展状况却显得不尽如人意。具体表现为期刊的整体学术水平参差不齐，国际影响力相对薄弱，缺乏具有国际知名度的品牌期刊，难以充分满足当前高校科研产出的高质量传播需求。

这一困境在很大程度上归因于当前科研评价体系与政策导向的偏颇，过分强调 SCI（科学引文索引）论文的发表，导致国内大量优质科研成果优先选择在国外高影响力期刊上发表，"论文外流"现象日益严重。这种趋势不仅削弱了国内科技期刊的稿源基础，还进一步加剧了高校科技期刊面临的稿源匮乏问题，使得期刊的吸引力持续下降，优质稿源的流失成为其发展的瓶颈。

（二）高校科技期刊的影响力偏低

高校科技期刊的影响力，是衡量其学术贡献、传播效果及国际地位的重要指标。然而，在"双一流"建设的高标准要求下，不少高校科技期刊的影响力尚显不足，主要体现在以下几个方面：

首先，从引用频次和影响力指标来看，许多高校科技期刊的论文被引用次数有限，影响因子较低，难以在国际学术界形成广泛的影响力。这不仅影响了期刊的学术声誉，也限制了其科研成果的传播范围和影响力。

其次，高校科技期刊在国际学术界的认可度不高。由于语言障碍、审稿周期、学术传统等因素，一些优秀的科研成果往往更倾向于选择在国际知名期刊上发表，导致国内高校科技期刊难以吸引到高质量的稿源，进一步影响了其学术影响力和国际竞争力。

最后，从学科领域来看，部分高校科技期刊的学科覆盖面较窄，难以形成跨学科、综合性的学术交流平台。这限制了期刊的学术视野和影响力，也影响了其在"双一流"建设中的支撑作用。

（三）高校科技期刊办刊人才缺乏

高校科技期刊出版单位在大多数高校中常被边缘化为教辅性质的机构，这一定位导致其在学校内部难以获得应有的重视，进而在吸引和凝聚高层次人才方面面临显著挑战。由于高校往往将更多的资源和注意力投放在教学与科研直接相关的领域，编辑人员的入职门槛相较于教学科研人员普遍设定得较低，这一现象直接制约了编辑部在人才引进与培养项目上的竞争力和申请成功率。长此以往，现有的期刊从业人员在职业发展上遭遇瓶颈，职业前景显得相对有限，这不仅影响了个人职业的积极性，也加剧了人才流失的风险。

当前，高校科技期刊发展面临的最大瓶颈在于优秀办刊人才的匮乏。为了适应快速发展的学术环境与市场需求，高校科技期刊亟须构建一支多元化、高素质的办刊团队。这包括但不限于：具备深厚学术功底、能够敏锐捕捉学术前沿与热点的学术型办刊人才，他们还需在学术界拥有广泛的人脉网络以促进学术交流；精通数字化技术、网络技术及新媒体技术的专业人才，以推动期刊的数字化转型与创新；以及熟悉市场运营策略、能有效提升期刊影响力和经济效益的市场运营型办刊人才。缺乏这样高水平的人才支撑，高校科技期刊将难以跻身世界一流科技期刊之列，更无法有效支撑和服务于高校"双一流"建设的宏伟目标。

二、"双一流"建设中高校科技期刊的机遇

（一）促进高校科技期刊数量的增长

高校建设世界一流大学和一流学科的核心任务是人才与学科的双重

建设。随着我国"双一流"建设的持续推进，高校间的人才竞争尤为激烈，尤其聚焦于吸引和培养高层次人才群体，他们是学科发展的领军力量，对于推动科研创新、提升教学质量具有不可替代的作用。

"双一流"建设的深入实施，不仅为高等教育体系注入了新的活力，也带来了前所未有的发展机遇。它促进了学术研究的繁荣，催生了大量高质量的学术论文，这些成果不仅丰富了人类的知识宝库，也直接推动了高校科技期刊的快速发展[①]。科技期刊作为学术成果传播与交流的重要平台，其质量与影响力是衡量一所大学乃至一个国家学科实力的重要指标，对于提升高校及其特色学科在国际学术界的话语权和影响力具有深远意义。多所"双一流"建设高校，如浙江大学、山东大学等，已将培育世界一流科技期刊明确纳入其发展战略规划之中，通过积极创办英文科技期刊，拓宽国际视野，吸引全球优秀科研成果投稿，以期在国际学术舞台上占据更加重要的位置。这些高校凭借自身研究型大学的优势——一流学科众多、师资力量雄厚、生源质量优异以及学术交流频繁等，为科技期刊的发展提供了得天独厚的环境与条件，有力地促进了期刊数量的稳步增长与质量的持续提升，为我国乃至世界学术生态的繁荣贡献了重要力量。

（二）促进高校科技期刊质量的提高

"双一流"建设高校科技期刊无可争议地占据了我国高校科技期刊的主力地位，其在推动我国科研进步与知识传播中发挥着举足轻重的作用。从学科分布的角度来看，这些期刊主要集中在综合性自然科学与综合性工程技术学报领域，形成了特色鲜明、覆盖广泛的学术交流平台。值得注意的是，学报的办刊水平与所在学校的科学研究水平之间存在着密切的正相

---

① 钟建林. "双一流"建设的历史理路、现实审思与未来路向 [J]. 东南学术，2018（3）：116.

关关系,这不仅反映了高校科研实力的镜像,也验证了高水平科研成果对于提升期刊影响力的关键作用。这些高校科技期刊曾一度代表了我国高校科学研究的最高水平,是学术创新与知识积淀的重要标志。

近年来,随着学科交叉融合与科研范式的快速变迁,高校科技期刊的发展步伐略显滞后,未能充分匹配学科前沿的迅猛发展与科研水平的整体跃升。幸运的是,"双一流"建设的推进为高校科技期刊注入了新的发展活力,带来了前所未有的机遇。部分高校敏锐地捕捉到这一契机,将科技期刊的发展纳入"双一流"建设的宏观规划之中,力求在数量与质量上实现双重飞跃。在"双一流"建设的助力下,高校科技期刊的数量与质量确实取得了显著增长,尤其是英文科技期刊的质量提升更为显著,这不仅增强了我国科研成果的国际传播力,也促使我国高校科技期刊逐步走向世界舞台中央,为构建全球学术共同体贡献了不可或缺的力量。

(三)改善办刊环境,吸引优秀人才加入办刊队伍

"双一流"建设推进了科研评价体系的变革。2016 年中国科学技术协会率先发布了《关于准确把握科技期刊在学术评价中作用的若干意见》(以下简称《意见》),此文件明确指出了科技期刊在学术评价中的合理定位,旨在引导广大科技人员更加合理地传播与分享科研成果,进而优化学术生态。2020 年 2 月 27 日,科技部印发了《关于破除科技评价中"唯论文"不良导向的若干措施(试行)的通知》(以下简称《通知》),该文件着重强调了破除唯 SCI 论文导向的重要性,并鼓励科技人员发表高质量论文,特别是提出了"三类高质量论文"的导向,以此引导科研评价向更加注重质量和创新的方向转变。这一系列举措不仅有助于改善科技期刊的办刊环境,还为高校科技期刊在"双一流"建设中发挥更为显著的作用提供了有力支撑,促进了科研评价体系的持

续完善与发展。

高水平的办刊人才是建设世界一流科技期刊的基石。《通知》的第七条"培育打造中国的高质量科技期刊"以及最近实施的"中国科技期刊卓越行动计划"等,明确表达了建设世界一流科技期刊的坚定决心,这一战略导向也引起了国内"双一流"高校的高度重视。

近年来,众多"双一流"高校积极响应国家创新驱动发展战略,将科技期刊建设纳入学校整体发展规划之中,体现了对科研传播与知识创新的高度重视。为提升期刊品质,高校不仅投入专项经费支持,还大力引进具有国际化视野和丰富经验的高层次办刊人才,为期刊发展注入新鲜血液。同时,这些高校积极创办高水平英文期刊,主动寻求与国际知名学术机构的合作,拓宽国际交流渠道。此外,通过提升办刊人才的学术地位和话语权,进一步增强了对顶尖人才的吸引力。这一系列举措有效促进了人才资源的重视与深度挖掘,为打造具有国际影响力的一流科技期刊奠定了坚实基础。

第二节 "双一流"建设背景下高校科技期刊建设的环境分析

随着我国高校"双一流"建设的全面启动,我国高等教育迈入了一个崭新的发展阶段。在此过程中,培育"世界一流科技期刊"与推进"双一流"建设被赋予了新的历史使命,即实现两者的有机统一与深度融合发展。这一战略构想不仅成为高等院校战略规划的核心要素,也成了科技期刊发展策略中的重要关注点。培育"世界一流科技期刊"与"双一流"建设均被视为提升国家高等教育综合实力与国际竞争力的重大战略决策。然而,当前两者在发展过程中仍存在不平衡、不协同的问题,亟待通过政策引导与机制创新加以解决,以促进高等教育与科技期刊的协同发展,共同迈向世界一流。

一、高校科技期刊建设的政治环境

（一）科研评价体制全面改革进一步强化期刊功能

近年来，我国教育评价体系经历了显著的完善与发展，旨在构建更加科学、全面的评价机制。2019 年，国家科技奖励制度迎来了重大改革，这一改革举措具有里程碑意义。具体而言，改革取消了以往在申报材料中必须填写论文期刊影响因子的要求，此举有效缓解了科研工作者对于期刊影响因子的过度追求。同时，改革还明确鼓励科研人员将国内期刊论文作为代表作提交，这一政策导向有力地促进了国内学术期刊的发展与认可，增强了国内学术成果的影响力。2020 年 2 月，教育部、科技部联合印发《关于规范高等学校 SCI 论文相关指标使用树立正确评价导向的若干意见》（教科技〔2020〕2 号），要求破除"唯论文""SCI 至上"的单一评价体系，推动实施分类考核机制，以更加多元化、精准化的方式评价科研成果。同年，科技部印发《关于规范高等学校 SCI 论文相关指标使用树立正确评价导向的若干意见》（教科技〔2020〕2 号），针对基础研究论文的评价提出了明确要求，即实行代表作制度，并规定国内期刊论文在评价中的占比不得少于三分之一。此外，文件还积极鼓励科研人员发表"三类高质量论文"，并明确指出，高质量成果的考核权重在整体评价中可以最高达到 50%，这充分体现了我国对于科研质量与创新性的高度重视。

如今，学术评价体系正经历一场深刻的转型，其核心在于从过往单纯依赖发表数量，转向了更加注重创新质量与学术贡献的实质性评估。这一转变具体体现在推行"代表作评价"制度，坚决摒弃"以刊评文"的传统做法，力图打破"SCI 至上"的单一评价标准，从而为我国科技期刊的崛起提供了前所未有的发展机遇。自 2019 年起，中国科协学会学术部积极引领这一变革，推动全国各学会发布高质量期刊分级目录，该目录科学地涵盖了广泛学科领域的国内外期刊，并依据其学术影响力细分为 T1（国际一流水准）、T2（国际知名）及 T3（业内高水平）三个层级，为期刊的精准定位与持续发展奠定了坚实基础。

（二）服务国家重大需求亟待发挥期刊的作用

高校科技期刊作为国家科技创新体系的重要组成部分，承载着服务国家重大需求的崇高使命。其核心任务在于及时捕捉并出版相关领域的最新研究成果，通过搭建高质量的学术交流平台，加速科技瓶颈的突破进程，为国家战略目标的实现提供强有力的智力支撑。如与"量子通信与量子计算机重大疾病防治研究""深海空间站""智能电网"等一批科技创新 2030 重大项目相关的研究成果。在栏目与组稿策略上，高校科技期刊应将与国家重大需求紧密相关的专业和方向置于首要位置，通过精心策划和组织，引导科研人员将研究精力聚焦于这些关键领域，从而推动形成更加聚焦、深入的研究成果集群。

然而，当前我国科技期刊在发展水平、出版规模及科技传播能力等方面，尚不能完全满足科技创新的迫切需求，这在一定程度上导致了国内优质学术成果的外流。

（三）深化科技期刊改革开放步伐进一步加快

1. 科技期刊全面开放格局

在人类文明的长河中，期刊作为知识与文化传播的重要载体，始终秉持着开放、合作、共享的核心理念，不断推动着学术进步与文化交流。当前，培育"世界一流科技期刊"与打造"双一流"高校，已成为我国实现科技自立自强、迈向教育强国目标的必由之路。而全面深化改革与进一步扩大对外开放，则是促进科技期刊高质量发展的关键所在。

随着经济全球化步伐的加快,期刊的国际化发展势头愈发强劲。这一进程不仅体现在全球范围内招募优秀论文作者,更在于构建国际化的编委团队与审稿专家库。在此背景下,期刊在语种选择、论文编排格式、出版发行渠道、编辑管理流程、印刷质量以及全球发行网络等多个层面,均展现出鲜明的国际化特色,为提升我国科技期刊的国际影响力与竞争力奠定了坚实基础。面对这一趋势,高校科技期刊需采取积极应对策略。首要任务是深化对外开放,积极借鉴国外先进的出版模式与服务体系,以提升自身竞争力。同时,引入资本、人才与市场要素,勇于探索新机制与新模式,为期刊发展注入新的活力。此外,掌控核心、重要且有影响力的学术资源,如知名学者、权威学术组织及高质量学术成果,是提升期刊学术影响力的关键。最后,应致力于打造具有鲜明特色的专业期刊与行业期刊,以在国际学术舞台上占据一席之地。

2. 科技期刊全面深化改革

我国高校科技期刊是我国高等教育发展的产物,但与期刊发展相关的所有学术资源、财政资源、人才资源均未主要按照市场进行配置,期刊的产出及其成效的评价结果对期刊的持续经营和发展也影响甚微,并未按照市场机制实行期刊的优胜劣汰和投入资源的优化与调整。

当前,科技期刊体制与制度的诸多不完善之处,很大程度上可归因于职称评定、学位授予以及评奖机制等因素的复杂交织。这些因素不仅影响了期刊的健康发展,还间接导致了其在科研评价体系中的定位模糊。高校科技期刊尤其面临严峻挑战,其发展目标不明确,与高校本身所承载的学术研究与教育使命存在显著错位。部分期刊在实际运营中逐渐偏离了旨在促进学术交流与展示高质量研究成果的初衷。此外,期刊的组织管理架构亦受制约,往往被边缘化至教辅服务单位,与高校的核心职能如人才培养、科技创新等融合不足,甚至有部分期刊被单纯视为经营实体,从而导致学术论文的筛选标准放宽,影响了整体的学术质量。

当前，高校科技期刊出版行业面临着诸多挑战，其中期刊的资源配置是一切挑战的核心，必须从思想和行动上进行转变，构建一套合理管理、适应市场的新模式。

二、高校科技期刊建设的经济环境

（一）科技创新加速科技期刊发展

随着第四次工业革命的蓬勃兴起，互联网、物联网、大数据、机器人及人工智能等前沿数字技术不断革新，不仅重塑了全球经济结构，更在深层次上推动了全球科技创新与产业的深度融合。这一系列科技创新的浪潮，不仅为科研工作者提供了更为广阔的研究领域和更为精准的研究工具，同时也极大地促进了科研成果的快速产出与广泛传播。

科技期刊，作为科研成果展示与交流的重要平台，其发展与科技创新的步伐紧密相连。在数字技术的推动下，科技期刊的出版模式、传播方式以及影响力评价都发生了深刻变革。科研成果的及时发布、全球范围的快速传播以及基于数据的精准评价，都使得科技期刊在促进学术交流、推动科技进步方面的作用愈发凸显。因此，科技创新的加速发展，无疑为高校科技期刊提供了更为广阔的发展空间与更为严峻的挑战。

（二）持续研发投入催生科技成果

从全球范围来看，科技创新成果与研发投入的持续增长已成为不可逆转的趋势。我国作为世界第二大经济体，近年来在科技创新领域取得了举世瞩目的成就。从科研产出到科研成果影响力，从研发投入总量到研发密度，我国均实现了快速增长，并在多个领域达到了世界领先水平。

高校作为科技创新的重要阵地，承担着培养创新人才、开展前沿研究、推动科技成果转化的重要使命。在"双一流"建设的推动下,高校科研投入持续增加,科研团队实力不断增强,科研成果产出也呈现出爆发式增长。这些高质量的科技成果,不仅为我国经济社会发展提供了有力支撑,更为高校科技期刊提供了丰富的稿源和高质量的学术内容。

随着我国科技创新能力与产业的进一步发展,可以预见,未来将有更多、更好的科技论文成果涌现出来。这些成果不仅将推动我国科技期刊的学术水平不断提升,更将为其走向世界一流水平奠定坚实基础。在"双一流"建设的引领下,高校科技期刊应紧抓历史机遇,积极应对挑战,努力提升自身影响力和竞争力,为推动我国乃至全球科技创新贡献智慧和力量。

三、高校科技期刊建设的社会环境

(一)全球科技期刊发展格局

在"双一流"建设的宏观背景下,高校科技期刊的发展不可避免地受到全球科技期刊发展格局的深刻影响。当前,全球科技期刊发展呈现出多元化、集中化与国际化并存的复杂态势。一方面,随着科研活动的全球化趋势加剧,国际科技期刊间的合作与交流日益频繁,跨国界、跨学科的科研合作成为常态,这促使高校科技期刊必须拓宽国际视野,积极参与全球科技交流与竞争。另一方面,全球科技期刊市场逐渐形成以少数顶尖期刊为主导的集中化格局,这些期刊凭借其高水平的学术内容、严格的同行评审机制以及广泛的国际影响力,吸引了大量优质稿源和读者群体,进一步加剧了市场竞争的激烈程度。

在此格局下,高校科技期刊面临着前所未有的挑战与机遇。一方面,高校科技期刊需不断提升自身学术质量和国际影响力,以在全球科技期刊市场中占据一席之地;另一方面,全球科技期刊市场的集中化也为高校科技期刊提供了合作与交流的契机，通过与国际顶尖期刊的合作，可以引进先进管理经验和优质学术资源，提升自身办刊水平。

（二）科技期刊学科环境分析

随着科学技术的迅猛发展，新兴学科不断涌现，传统学科也在不断更新与变革，这为科技期刊提供了丰富的学科资源和发展空间。然而，学科环境的快速变化也对科技期刊的学科定位与发展方向提出了更高要求。

在"双一流"建设背景下，高校科技期刊需紧密结合学校学科优势与特色，明确自身学科定位，聚焦前沿研究领域，打造具有鲜明学科特色的期刊品牌。同时，高校科技期刊还应关注学科交叉与融合的发展趋势，积极探索跨学科、跨领域的选题与组稿策略，以满足不同学科领域研究者的需求。

此外，学科环境的快速变化还要求高校科技期刊必须具备敏锐的学术洞察力和快速响应能力。通过及时捕捉学科前沿动态和研究热点，快速调整选题方向和编辑策略，确保期刊内容始终紧跟学科发展步伐，为研究者提供及时、准确的学术信息。

四、高校科技期刊建设的技术环境

"双一流"建设大大推动了我国高等教育的高质量发展，论文产出数量与学科建设成果有力支撑了高校科技期刊的进步。我国高校科技期刊经过多年的发展，在学科建设、人才建设、出版体系、融合发展等方面建立了良好的基础，为我国高校科技期刊发展提供支撑。

（一）高校学科建设优势

高校科技期刊，作为学科建设成果的重要载体与大学出版不可或缺的组成部分,与高校的重点学科、优势学科及特色学科紧密相连,承载着传播与积淀学术精华的使命。在"双一流"建设的宏大背景下,高校学报的发展主线更加明晰,即应紧紧依托国家重点支持的学科,将"双一流"建设作为核心导向,引领学报的未来发展。在此过程中,需根据高校自身的特色优势学科,精准定位优势学科群及其发展方向,并予以重点扶持,以期培育出具有鲜明特色的学报品牌。同时,通过整合优势学科群资源,为特色学科设立固定栏目或出版专刊,进一步强化其学术特色与领先地位。如此,高校科技期刊方能成为科技创新的前沿阵地,发挥引领与推动作用,为科技进步贡献智慧与力量。

(二)高校科技人才优势

高校作为高层次人才的聚集地,拥有大量优秀的科研工作者与学者,他们不仅是科技期刊的主要作者与审稿人,还是期刊质量与学术声誉的重要保障。在"双一流"建设的推动下,高校加大了对科技人才的引进与培养力度,形成了一支结构合理、素质优良的科技人才队伍。这支队伍不仅具备深厚的学术功底与丰富的科研经验,还具备国际化的视野与跨学科的研究能力。他们的加入,不仅提升了科技期刊的学术水平与国际影响力,还为期刊的多元化发展与创新提供了源源不断的智力支持。同时,高校科技人才之间的密切交流与合作,也促进了期刊内容的丰富与深化,使得期刊能够更好地服务于科研工作者与学术交流的需求。

(三)编辑出版体系不断完善

高校科技期刊编辑出版体系包括采编、生产、发行及人才队伍建设四个方面。

我国高校目前基本实现采编方式网络化,有利于获取国际稿源,审稿处理全球化,如果能进一步提高在线采编系统的使用率,将更有助于与世界一流科技期刊接轨。目前,高校科技期刊大部分实现了远程稿件在线处理（在线采编系统），少部分没有采纳或无法查询到有效远程稿件在线处理系统，但均设有投稿邮箱。

高校科技期刊生产环节涵盖编校、排版与印刷，当前正朝着国际化的方向稳步迈进。在我国，期刊的编校工作大多由全职编辑担纲，这一模式有助于内容质量实施严格把控，确保学术成果的准确性和权威性。为进一步提升期刊的英文水平和国际化传播能力，众多期刊选择邀请第三方专业机构进行英文润色，以期在语言表达上达到国际标准。在印刷环节，各高校期刊均严格遵守国家相关要求，同时，随着环保理念的深入人心和数字化阅读的普及，按需印刷的模式也逐渐被业界广泛接受。

期刊发行方面，国际大型出版公司的积极参与，为我国期刊的海外发行与影响力扩展注入了新的活力。当前，多数期刊已采取与国内外数据库或国际大型出版公司合作的模式，共同推动电子版的全球发行，以此拓宽传播渠道。在纸质版的发行方面，国内主要依赖邮政系统实现广泛覆盖；而面向国际的英文版期刊，则更多地借助国外大型出版公司的成熟网络进行分发。尤其值得关注的是，我国新创办的科技期刊通过与国际知名出版商建立合作关系，有效缩短了研究成果的发表时间，加速了学术交流的全球化进程。

期刊专业人才队伍建设不断完善，包括编委会建设与全职编辑队伍建设。近年来，高校科技期刊逐渐向学者办刊模式转型，几乎所有期刊都有自己的学术编委会。同时，大部分高校学报均有全职编辑队伍，也不断有毕业于期刊刊文方向相关专业，具有硕士、博士学位的青年编辑加入。因此在人才队伍方面，学者办刊已被绝大多数期刊所认可，全职编辑的专业性正逐步提高。

（四）媒体融合支撑作用凸显

媒体融合作为信息科学与数字技术快速发展的必然产物，正深刻塑造着媒体与新闻出版业的未来格局。这一趋势不仅代表了技术的革新，更是内容传播方式与受众互动模式的根本性变革。在高校科技期刊的领域内，媒体融合进程可细分为四个显著阶段：首先是期刊内容的初步网络化，标志着传统纸质媒介向数字平台的初步迁移；其次是刊网融合，实现了线上线下内容的深度整合与互补；随后是新媒体平台的广泛拓展，利用社交媒体、移动应用等多元化渠道扩大影响力；最终达到全媒体覆盖，形成跨平台、多终端的综合传播体系。尽管高校期刊在资源、资金等方面相较于商业媒体不占优势，但其学术价值与知识传播的重要性使其媒体融合进程备受重视。目前，多数高校期刊已完成内容网络化，部分更实现了刊网融合，有效提升了学术成果的可达性与影响力。

科技期刊的网络化主要通过自建官方网站、依托合作公司的成熟网站，以及借助国内外知名数据库平台进行内容发布与传播。尤其值得注意的是，高校学报自建网站的普及程度显著提高，且多数提供免费全文获取，这不仅促进了学术交流的开放与共享，也体现了高校对学术成果国际传播的重视。此外，新创刊物倾向于与国际机构合作，以此提升国际影响力，同时，加入国际数据库的高校学报数量稳步增长，进一步拓宽了学术交流的全球视野。

在新媒体融合发展方面，尽管"两微一端"（即微信、微博和移动客户端）等新媒体平台在高校科技期刊中的普及应用尚显不足，但已有部分期刊通过微信公众号等渠道获得了学术界的广泛认可，如《浙江大学学报（英文版）》，其在新媒体平台上的积极探索与成功实践，为同类期刊提供了有益的借鉴。一些具有前瞻视野的高校已经开始尝试多种期刊的融合发展模式，通过成立期刊社（例如上海大学期刊社、浦江出版社）来整合资源，实现内容与媒体的深度融合。这些举措不仅促进了期刊内容的多元化传播，还显著提升了期刊的影响力和学术价值。

总体来看，高校科技期刊在新媒体融合方面呈现出快速发展的态势，并受到了学术界和管理层的高度重视。未来，高校科技期刊应进一步把握时代机遇，不断提升办刊水平和媒体融合能力，为中国乃至全球的科技发展提供更为优质、高效的学术交流平台。

第三节 "双一流"建设背景下高校科技期刊的发展策略

一、依托一流学科建设资源，培育一流高校科技期刊

高校科技期刊与学科建设之间存在着密不可分的联系，其创立初衷便是为了满足本校学科建设的内在需求。作为学术创新体系的重要组成部分，科技期刊不仅承载着学术研究成果的发布与传播，更是推动一流学科建设的关键力量。在信息时代背景下，期刊成为知识交流与共享的重要平台，助力一流学科在更广泛的学术领域内实现信息传播与影响力扩展。一流学科的建设对于营造浓厚的学术氛围、提升学术话语权具有至关重要的作用，而这些正是创办一流期刊所必需的优势资源。高校通过整合优质学术资源，将高学术质量的期刊纳入一流学科建设体系之中，以此作为展示学科实力、吸引顶尖学者的重要窗口。高校期刊与学科发展之间形成了相互促进的良性循环。期刊不仅反映学科研究的最新进展，更能够引领学科的发展方向，为学科建设提供前瞻性的思考与探索。研究结果表明，高校主办的 SCI 期刊对于 ESI 学科建设的贡献尤为显著，不仅提升了学科的国际影响力，更为学科的持续发展注入了强劲的动力。例如，中国药科大学主办的《中国天然药物》和沈阳药科大学主办的《亚洲药物制剂科学》，这两种期刊对其所在高校的药理学与毒理学学科进入 ESI 学科排名前0.1%起到了重要作用。

"双一流"高校科技期刊创办一流期刊，应明确其在一流学科建设中的精准定位，紧密围绕学科属性和学术发展前沿，确立高标准的学术导向。

为实现这一目标，期刊需通过加大约稿力度，积极吸引并刊载本校一流学科的高水准研究成果，确保内容的前沿性和权威性。同时，期刊应秉承为学术传播和国家创新建设服务的根本原则，聚焦学科前沿动态，从选题策划、学术服务、宣传推广等多方面进行精细化布局。此外，期刊应深度参与一流学科的建设进程，充分发挥科技引领和支撑作用，通过设置与一流学科精准对接的特色专栏，抓特色、塑品牌，形成独特的学术影响力。期刊还需与学科建设形成良性互动，共同推动科研进步。紧跟国家科技发展战略，期刊应积极促进科研创新成果的转化与应用，为科技创新和社会发展贡献力量。

二、秉承开放的思维理念，推动高校期刊"走出去"

科技期刊若欲跻身世界一流之列，必须积极汲取并借鉴国际优秀期刊的宝贵经验。纵观国外科技期刊，其之所以能在全球范围内享有盛誉，主要得益于其一流的设计水准、完善的运营机制、先进的出版流程以及成熟的评价体系。在此背景下，我国科技期刊的"走出去"战略显得尤为重要，这不仅是提升自身竞争力的关键所在，更是传播中国智慧、增强国际话语权的必由之路。为此，我国已出台一系列政策，旨在支持科技期刊的国际化发展。特别是"双一流"高校的期刊，更应紧抓这一机遇，通过加强国际合作与交流，不断提升自身的国际影响力，为推动我国科技期刊走向世界一流贡献力量。

"双一流"高校在国际学术交流活动方面的频次显著增加，为高校期刊编辑部提供了前所未有的发展机遇。鉴于此，高校期刊编辑部应充分依托高校丰富的学术资源和国际影响力，积极实施"走出去"战略。通过吸纳访问学者或留学人员，不仅能够有效增强编辑部的国际视野，还能进一步巩固和拓展国外的学术联络网络。同时，编辑部应积极参与各类国际学术会议，借此机会广泛吸纳优质稿源，并开展有效的宣传推广活动。在条件成熟时，可考虑主办或承办国际学术会议，以此提升期刊的国际知名度和影响力。此外，利用校友会资源建立海外分支机构，也是拓展国际交流渠道的重要途径。

三、创办优势学科英文期刊，中英文期刊协同共进

国际话语权作为国家软实力的重要组成部分，其重要性在当今全球化背景下愈发凸显。而英文期刊作为国际学术交流的主要平台，成为掌握话语优先权、提升国际影响力的关键手段。我国教育体系长期以来对英语学习的重视，为高等学府创办高质量英文期刊奠定了坚实的人才与语言基础。英文期刊的成功创办，离不开主办单位深厚的科研成果积淀与丰富的优势学科资源。当前，"双一流"建设高校凭借其卓越的科研实力与学科优势，大都具备了创办英文期刊的充分条件。因此，高校应积极布局，主动创办或扶持一流英文科技期刊，以此作为参与全球科技竞争、赢得战略主动权的重要途径。

目前，我国"双一流"高校积极寻求与国际知名出版平台的深度合作，旨在通过联合创办高质量的英文科技期刊，迅速扩大其学术成果的国际影响力。这种合作模式赋予了期刊鲜明的国际化特色，具体体现在采用国际标准的投稿与审稿系统、组建多元化的国际编委会、吸引广泛的国际读者群体，以及构建开放包容的国际学术交流平台。然而，高校期刊的发展战略并非仅限于打造顶尖的英文期刊，对于中文期刊的培育与发展同样给予了高度重视。随着人工智能等先进技术的不断进步，科技期刊的语言障碍逐渐被打破，为不同语言背景的学术交流提供了更多可能。在此背景下，英文期刊与中文期刊应明确各自定位，发挥各自优势，形成互补效应，共同助力我国科技创新型国家的建设与发展。

四、紧跟先进技术创新步伐，营造全媒体传播格局

随着移动互联、人工智能、云计算、虚拟现实等新技术的迅猛发展，传统期刊出版行业正面临着前所未有的变革机遇。这些新兴技术不仅促使办刊理念发生根本性更新，还驱动了出版流程的深刻再造。在此背景下，传统期刊必须勇于打破固有的思维壁垒和路径依赖，积极拥抱技术创新，致力于构建一个更为科学且高效的期刊出版体系。特别是对于"双一流"高校的科技期刊而言，更应站在科技前沿，积极探索新技术在编辑出版领域的广泛应用。当前，众多高校期刊正尝试各种新型融合出版模式，如增强现实出版、视频出版等，以期为读者提供更为丰富多元的阅读体验。以《中国胸心血管外科临床杂志》为例，该刊通过应用视频出版的方式，生动直观地展示了科研成果，极大地提升了期刊的传播效果和学术影响力。

此外，为创办一流期刊，高校期刊编辑应当尤为重视期刊的交流广度与出版内容的深度，致力于构建一个涵盖多种媒介形式的出版传播格局。这一目标的实现，不仅要求编辑人员具备跨领域的视野，还需在实践中不断探索创新路径。以中南大学期刊社为例，该机构通过实施多元化发展策略，有效整合了各类资源。他们积极利用社交网络平台（SNS）、合作共享平台以及移动应用等多种渠道，显著提升了期刊的曝光度和影响力。这种多元化的传播手段，不仅拓宽了期刊的读者群体，也增强了其学术传播效能。

对于"双一流"高校科技期刊而言，更需紧跟时代步伐，积极尝试新技术、新媒体，推动实现全媒体融合出版。在此过程中，高校期刊可考虑设置勤工助学岗位，吸纳具有新媒体运营潜力的学生参与其中，既为学生提供了实践锻炼的机会，也为期刊注入了新的活力。此外，高校科技期刊

还应主动融入学校官方新媒体矩阵，借助高校自身的知名度和影响力，进一步提升期刊的社会关注度和学术影响力。

五、构建高校科技期刊联盟，借助集群化提升规模效应

集群化管理作为一种高效的运营模式，能够促进资源的优化配置与整合，从而在科技期刊的发展中催生出显著的规模效应，这被视为推动科技期刊可持续发展的重要策略之一。在追求培育世界一流期刊的过程中，充分发挥刊群的集体优势，实现单一期刊与整个刊群的协同与平衡发展，是提升期刊整体竞争力的关键路径。观察国际出版领域，不难发现，国外大型学术出版机构凭借其高度的集约化管理，已经在全球范围内树立了标杆。我国同样重视高质量科技期刊的集群化出版，通过这种模式，期望在激烈的国际竞争中占据一席之地。然而，尽管"双一流"高校的科技期刊在集群化发展上步伐相对缓慢，但编辑团队正积极寻求创新与改进，以期迎头赶上。例如，南京航空航天大学学报编辑部通过探索多刊深度集约化的新型模式，对出版内容和工作流程进行全方位融合，已取得了显著的成效。浙江大学期刊社也在积极推动信息资源的共享，明确提出了集群化发展的理念，并逐步形成了一种协同出版的全新方式，为我国科技期刊的集群化发展提供了有益的借鉴。

"双一流"高校在科技期刊的集约化发展方面已取得初步成效，显示出资源集中与优化配置对于提升期刊质量和影响力的积极作用。然而，值得注意的是，尽管进展显著，高校间在合作出版方面的实践仍显不足，这在一定程度上限制了知识共享与学术交流的深度和广度。为了进一步推动科技期刊的集群化发展，必须正视并克服现存的体制障碍，积极借鉴国际先进经验。这包括通过整合资源、明确发展定位，以及制定符合自身特色的战略规划，以促进期刊间的协同与互补。在此背景下，高校期刊可充分借鉴高校联盟的成功思路，遵循"平等、合作、互助、互惠"的基本原则，

开展丰富多样的出版交流活动。具体的联盟方式可参照如医学会、中科院等已成熟的平台模式，围绕特定学科或品牌期刊构建核心，形成具有鲜明特色和强大竞争力的期刊集群。

综上所述，集群化无疑是当前高校科技期刊发展的有效路径选择，但仍需不断探索和创新，以找到最适合我国高校期刊特点的集约化发展模式。

六、构建学者型编辑模式，促进办刊人才精英化

在当前全球科研竞争日益激烈的背景下，我国科技期刊的办刊队伍素质相较于世界一流水平仍存在显著差距，这一现状已成为制约我国学术期刊国际影响力提升的关键因素之一。创办世界一流期刊，亟须一支具备国际视野与高学识水平的办刊人才队伍作为支撑。此类人才不仅需要深刻理解并践行国际先进的出版理念，还需时刻保持对全球最新科研学术动态的敏锐洞察，以确保期刊内容的前沿性与创新性。编辑作为期刊内容的直接塑造者，其专业水平直接关乎期刊的学术质量与整体格调。世界一流期刊之所以能够在众多竞争者中脱颖而出，很大程度上得益于其编辑团队的高专业素养，他们能够迅速而准确地筛选稿件，并将之精准送审至最合适的评审专家，从而有效保障了期刊的学术严谨性和权威性。在我国"双一流"高校期刊领域，近年来新进编辑普遍拥有博士学位及海外学术背景，这为期刊国际化发展注入了新鲜血液。与此同时，原有期刊工作人员多转岗自专职教师队伍，拥有丰富的专业学科背景，为期刊内容的专业深度提供了保障。鉴于此，构建学者型编辑模式成为"双一流"高校期刊寻求突破的重要途径，旨在通过整合学术研究与编辑实践，培养一批既懂专业又善编辑的高素质、创新型编辑人才队伍，以更好地服务于"双一流"建设的宏伟目标。

世界一流科技期刊之所以能在全球学术领域占据领先地位，其主编及

编委会成员的构成起到了至关重要的作用。这些成员往往是相关领域的著名专家学者，他们不仅具备深厚的学术造诣，更对期刊的发展方向和战略规划具有独到的见解和引领作用。编委会成员需怀揣强烈的使命感，勇于面对国际化竞争所带来的诸多挑战，不断探索创新。对于"双一流"高校而言，应充分利用自身的人才优势，积极邀请高层次科研人才参与到期刊的编辑与管理工作中来。这些高层次人才的加盟，能够助力期刊更准确地把握学科研究前沿，有效提升论文的学术水平和质量。同时，他们还能传授先进的办刊经验，助力期刊提升知名度和影响力，从而在全球学术舞台上绽放更加璀璨的光芒。

总之，"双一流"高校科技期刊工作者应牢记办刊初心，砥砺前行，以开放协作为准则，不断引领科学研究与科技创新，推动我国"双一流"高校向世界科技强校进军。

第四节 "双一流"建设背景下高校科技期刊的国际化战略发展

在高校"双一流"战略的深入实施为高校科技期刊的国际化进程提供了前所未有的契机。鉴于高校科技期刊与高等教育机构之间存在着天然的紧密联系，它们在推动国际化发展方面具备显著的优势，包括资源富集、学术氛围浓厚以及国际交流频繁等。在此背景下，高校科技期刊应充分利用其背靠高校与优势学科的独特地位，科学合理地制定国际化战略目标。这些目标的核心在于全面提升我国学术期刊在全球范围内的竞争力与影响力，从而逐步增强我国在国际学术领域的话语权，为构建学术强国奠定坚实的基础。

因此，加强"双一流"背景下高校科技期刊国际化战略路径选择的研究，具有非常重要的现实必要性和重要性。

一、"双一流"背景下高校科技期刊国际化战略发展的必要性

在高校开展"双一流"建设的大背景下，高校科技期刊进行国际化战略发展有其十分现实的必要性和紧迫性。

一方面，这是国家发展的时代要求。随着全球化进程的推进，高校科技期刊国际化发展显得越来越迫切，尤其是在国外 SCI 期刊的冲击下，众多高质量的科研成果和优质稿源正不断流向国外，这一现象不仅加剧了国内期刊在优质内容获取上的难度，也进一步削弱了国内期刊在国际学术界的影响力和话语权。若不能及时抓住这一历史机遇，通过改革创新提升期刊质量与国际竞争力，国内高校科技期刊恐将难以在国际学术舞台上崭露头角，成为引领学科发展的佼佼者。

另一方面，高校科技期刊进行国际化战略发展是自身发展的必然内在规律，旨在促进全球学术交流与科技进步。然而，当前我国高校科技期刊被国际权威检索系统 SCI（科学引文索引）收录的数量相对较少，这一现状深刻反映了我国科技期刊在国际化道路上所面临的挑战，即整体国际化水平尚待提升，与西方发达国家相比存在显著差距。鉴于此，我国科技期刊界亟须深入挖掘并强化"走出去"的关键因素，包括提升期刊内容质量、优化编辑出版流程、加强国际合作与交流等，以期在国际学术舞台上占据更为重要的位置，从而提升我国科技期刊的国际影响力与话语权。

高校科技期刊国际化发展战略的内涵，远非仅局限于语言的国际化范畴，而是强调依托自身独特优势，经由持续不懈的奋斗与创新，力求在国际学术传播领域中实现对国外同类期刊的追赶乃至超越，进而掌握主导

权。这一战略旨在实现从"借船出海"的初步阶段，逐步过渡到"造船出海"的自主发展阶段，并最终达到营造属于我国的广阔学术海洋，吸引国际学术船只汇聚的宏伟愿景。这一过程不仅是学术实力提升的体现，更是学术文化自信的有力彰显。

二、"双一流"背景下高校科技期刊国际化战略的实施困境

随着我国高校"双一流"战略的推进，我国高校在教学改革、管理改革、科研改革等方面都取得了显著成效，进一步凸显和发挥了高校学术期刊的服务价值。但客观来讲，我国高校科技期刊的国际化战略实施还存在较大困境，具体体现在以下方面。

（一）优质稿源流失严重，难为学科建设助力

在高校开展"双一流"建设的大背景下，高校科技期刊承担着收录与传播高质量科研成果的重要使命，然而，当前面临的一个显著挑战是优质稿源的流失。具体而言，大量中国的高质量学术论文倾向于投向国外的SCI（科学引文索引）期刊，这一现象主要归因于当前科研评价机制中过度重视SCI论文的发表情况。尽管意识到"SCI至上"的局限性并着手破除这一导向是一个值得肯定的长期过程，但短期内其影响依然显著。此外，优质稿源还分散流向了国内的行业专业刊物或非本校的特定专业期刊，这无疑进一步削弱了高校科技期刊的竞争力。这种优质稿源的流失，不仅限制了高校科技期刊的发展，也影响了其对一流学科建设应有的支撑与推动作用。

（二）期刊定位偏颇，编辑作用缺位

目前很多高校科技期刊在办刊实践中定位模糊，难以实现期刊和论文

价值的再提升。

首先,存在显著的"指标指挥棒"办刊现象。这一倾向导致期刊在选题策划、内容编排及质量控制等方面过度依赖量化指标,而忽视了期刊的学术定位与特色发展,从而严重制约了期刊的长期健康发展。

其次,编辑在论文学术价值提升中的作用缺失。编辑作为期刊内容的把关者与优化者,未能充分发挥其在筛选高质量稿件、提升论文学术深度与广度方面的作用,这在一定程度上削弱了期刊对一流学科建设的服务能力。

最后,期刊服务意识薄弱,尚未形成完善的学术出版生态圈。这不仅限制了期刊与学术界、产业界等外部环境的互动交流,也阻碍了其国际化发展的步伐,使得高校科技期刊在全球学术出版领域的竞争力难以得到有效提升。

(三)顶层设计不足,难有协同效应

高校科技期刊通过实施国际化战略,为高校的"双一流"建设服务,需要从顶层制度层面出发,对学科发展、人才培养与期刊建设进行系统性整合,以形成协同推进的合力。然而,在实际操作中,这三方面的建设往往呈现出割裂状态,缺乏有效的协同机制。此外,尽管"破四唯"政策在期刊评价体系中有所提及,但实践中仍未得到有效执行,期刊评价依然过度依赖项目资助和引用次数。同时,"等质同效"的理念也未得到切实落实,人才和项目评审仍过度看重 SCI 论文数量。

在高校科技期刊推进国际化战略的进程中,协同效应的显著性愈发体现在期刊建设的各个环节之中。此战略不仅要求中国科技期刊在编委会成员构成、审稿专家团队组建以及期刊网站运营管理等外在表现形式上,实现与国际接轨的多元化与开放性;更为关键的是,还必须在内容质量的严谨性、发行渠道的广泛性以及市场拓展的深入性等内在核心要素上，达到国际公认的高标准与严要求。然而，当前众多高校科技期刊在实施国际化战略时，往往过于偏重外在形式的国际化表征，却忽视了内在核心要素的同步优化与提升。这种片面化的追求方式，无疑严重制约了期刊国际化进程的全面推进，进而削弱了其在全球学术舞台上的影响力与竞争力。

三、"双一流"背景下高校科技期刊国际化战略的发展路径

在高校开展"双一流"建设的大背景下，我国高校科技期刊必须立足实际，以"双一流"战略为指导，针对现实发展困境，采取有效措施加以改进，积极探寻国际化战略的发展路径。

（一）加强管理创新，释放内在活力

高校科技期刊的国际化水平在很大程度上受到科研制度创新能力的深刻影响。制度创新不仅为科研活动注入了新的活力，而且其成效往往直接体现在论文学术水平的提升上。通过构建一套科学合理的评价与激励机制，制度创新有助于营造一个更为公正、透明的科研环境，这对于激发科研人员的积极性和创造力至关重要。在出版过程中，应充分尊重学者的主体地位，让他们成为推动学术创新的主力军。同时，期刊应不断优化服务流程，以更好地服务于学术创新的需求。对于偏远地区的科技期刊而言，信息化手段的应用是打破地域限制、提升影响力的有效途径。通过聘请优势学科的专家担任编委或顾问，可以显著提升期刊的学术质量和影响力。此外，区域性高校应秉持开放合作的理念，依托地方资源和特色优势，加强与国内外科研机构的合作与交流。在这一背景下，高校科技期刊更应积极发挥桥梁与纽带作用，助力"双一流"战

略的实施，通过推进"走出去"的路径，不断提升我国科研成果的国际影响力与竞争力。

（二）扎根学科建设，打造一流团队

科研服务作为高校科技期刊的核心功能，对于推动学科建设的深入发展具有举足轻重的作用。为了实现科研服务的最大化效益，期刊必须深度参与到学科建设之中，与各学科建立多维度、深层次的互动关系。这包括但不限于与学科带头人的紧密合作，共同策划学术议题，以及积极参与国际学术交流活动，从而构建起一支具有国际竞争力的科研队伍，为学科的长远发展注入强大动力。

在"双一流"建设的背景下，期刊更应成为人才培养的重要阵地。通过强化博士、硕士及青年学者的科研能力培训，将他们纳入期刊的核心作者群体，不仅能够有效提升他们的科研素养，更为期刊的国际化发展储备了丰富的人才资源。同时，期刊还应特别关注并扶持本校的青年学者，通过公正、透明的编发机制，为他们提供展示才华的舞台，进而激发他们的科研热情与创新活力，推动学科建设的持续进步，并借此增强期刊的国际影响力。

此外，建设一流的编辑团队也是提升期刊服务质量的关键。期刊应积极引入具备复合出版能力的人才，并加强对现有编辑的技能培训，着力培养一批具有国际化视野的科技编辑。他们不仅能够确保期刊内容的高质量与前沿性，更能精准把握学科建设的需求，为期刊服务于学科建设提供有力保障。

（三）加强国际合作，提升学术声誉

在当前全球化的学术背景下，高校科技期刊需积极强化国际合作力度，致力于拓宽国际传播渠道，从而有效提升其国际知名度与影响力。为实现这一目标，创办英文版学科特色期刊成为一项重要举措。此举旨在吸引并汇聚国内外高质量的稿件资源，进一步丰富期刊内容，显著增强期刊的学术价值与竞争力。同时，积极邀请国外知名学者担任编委成员及审稿专家，不仅能够促进学术交流与互鉴，还能够确保期刊稿件资源的国际化与多样性。

除了英文期刊，针对中文期刊中的英文摘要及英文图表翻译，其质量把控尤为关键。为此，应专门设置英文编辑岗位，并构建严格的编审机制，由具备深厚英文功底及学术素养的专业人员，对英文内容进行细致把关，确保语言表达地道准确，符合国外读者的阅读习惯与学术规范。通过这些综合措施，高校科技期刊的国际传播力与学术影响力将得到显著提升。

（四）发展出版技术，提高传播效率

在全媒体时代背景下，信息传播的速度与广度得到了显著加强，为学术交流与知识共享提供了更为广阔的空间。新兴技术的应用不仅大幅提升了编校工作的效率，还通过智能化的互动方式有效拉近了与读者的距离，增强了受众的参与感和沉浸感。同时，这些技术也助力克服了地域与语言的限制，为学术期刊的国际化传播开辟了新路径。在此背景下，高校科技期刊更应积极拥抱变革，充分利用多元化的传播平台，并着手开发专业的采编类 App，以进一步助力学术成果的广泛传播与深入交流。

总之，"双一流"建设作为党中央的一项重大战略举措，其核心目标在于全面提升国家的核心竞争力，通过优化高等教育资源配置，促进高等教育内涵式发展。在此过程中，高校科技期刊应紧握"双一流"建设带来

的历史机遇，充分发挥其在学术创新与交流平台构建中的关键作用。服务学科建设作为期刊的核心任务之一，要求期刊紧密围绕学科前沿，推动学术成果的快速传播与转化。同时，加强队伍建设至关重要，包括组建高水平学术作者队伍和理论知识深厚的专业化编辑队伍，为期刊质量提供坚实保障。此外，推动高校学报国际化进程，拓宽国际学术交流渠道，为期刊"走出去"提供有力支撑。最终，在"双一流"建设的深入实践中，高校科技期刊将实现可持续的良性健康发展，为提升国家科技竞争力和文化软实力作出更大贡献。

第六章 "双一流"建设背景下高校科技期刊建设的案例分析

第一节 "双一流"建设高校学报的专业化转型研究

专业化办刊是高校学术期刊的重要发展路径,这是因为它契合了科学发展的需求及期刊发展的潮流,也是高校学报转型升级的必然之选。在"双一流"建设的推动下,学科发展的丰硕成果为高校学术期刊的专业化奠定了坚实基础。当前,在"双一流"建设的大背景下,如何实现高校科技期刊的专业化转型,已成为高校出版领域广泛讨论的热点话题。回顾第一轮"双一流"建设的五年历程,学报的专业化转型已初见成效,部分参与"双一流"建设的高校学报已经实现了不同水平的专业化转变,成功树立了专业品牌形象,并与"双一流"建设形成了协同发展的良好态势。

一、数据来源与方法

在高校科技期刊中,英文期刊与专业期刊展现出了更为迅猛的发展势头,且专业特色鲜明。相比之下,那些同时以大学名称和"学报"命名的期刊,其综合性特征更为突出,面临着迫切且艰巨的专业化转型挑战。"双一流"高校具有引领示范作用,所以重点研究"双一流"建设高校学报中的中文科技类大学学报。有研究者以 147 所"双一流"建设高校的 156 种中文科技类大学学报为研究样本,访问中国知网的期刊数据库,在"期刊导航"页面查询并记录 156 种样本学报的出版信息;在中国知网数据库检索 156 种学报 2017—2021 年的文献,通过检索系统中文献管理与分析的可视化结果记录每种学报的载文量、内稿数量等信息;查阅《年报》(2022 版)并记录学报的影响因子及学科排名等指标;访问学报官网并记录学报的网刊下载方式、组织专刊/专栏情况、编委及编辑介绍等信息;在微信、微博等新媒体平台记录每种学报的新媒体开通及更新运营情况,利用 Excel 软件对记录的数据进行统计计算,并分析统计结果[①]。

二、调查结果与分析

(一)办刊方向

刊名能够直接体现期刊的办刊方向,反映自身栏目内容及特色风格,载文量、内稿数量等稿件的选择与规划体现了刊物的走向。研究者在中国知网的全文数据库文献来源项中输入 156 种样本学报的名称,统计分析其刊名、载文量、内稿情况。

1. 刊名建设

在高校学报的刊名模式中,"大学名称+学报"的构成方式尤为普遍,这一模式不仅简洁明了,而且直接体现了学报的归属与学术定位。学报的专业性首先且直观地反映在高校名称及其所代表的学科类别上,成为学术期刊特色与研究方向的重要标识。在 156 种样本学报中,从学科排名上,

① 熊莹丽,俞晓平."双一流"建设高校中文科技类学报的专业化转型路径调查研究[J].中国科技期刊研究,2024,35(01):43-52.

综合性学报占据 83 种，有 73 种学报进入了专业学科排名。尤为值得一提的是，有 39 种学报更是深入到细分学科之中，如医学综合类 7 种、农业综合类 4 种，展现出高度的专业聚焦。此外，34 种分版学报也凭借其专业特色，在学科排名中占据一席之地。样本中有 44 所高校直接将其专业名称融入学报命名，这些学报无一例外地全部进入了专业学科排名，显示出学报内容与高校一流建设学科的紧密匹配度，进而在各自的专业领域内产生了广泛而深远的影响。

很多学报开始注重刊名建设，如：西藏大学在停刊原有的《西藏大学学报（自然科学版）》后，创办了《高原科学研究》，此举不仅彰显了该校在生态学领域的优势，也与一流建设学科生态学形成了良好的匹配。苏州大学在整合多个版本学报的基础上，停刊旧版，相继创办了《苏州大学学报（教育科学版）》《苏州大学学报（法学版）》及英文专业期刊 *Language and Semiotic Studies*，其中《苏州大学学报（教育科学版）》2022 年复合影响因子高达 3.295，彰显了其在教育学领域的深厚底蕴。名为《空军军医大学学报》则通过更名为大学学报的模式，进一步凸显了各自的专业特色，与一流建设学科更加契合，其影响因子排名也因此显著提升。《北京科技大学学报》于 2015 年更名为《工程科学学报》后，在专业领域内实现了快速成长，不仅入选了多个高质量科技期刊分级目录，还获得了行业内的高度认可。

这些案例充分说明，专业化学报刊名是学报专业化的重要体现，而更名则需建立在足够的专业实力基础之上。

2. 载文量

综合性高校学报在专业化转型的过程中，通过精准定位，缩小稿件范围并严格控制载文量，以彰显学校独特的学术特色与研究方向。转型成功后，学报影响力显著提升，吸引了更多高质量的专业稿源，进而促使载文量适度增长。这一载文量的动态变化，深刻反映了学报紧跟学术前沿、持续优化的发展趋势。

样本的总载文量趋势呈现出一种逐年递减的现象。据统计，2021 年的总载文量相较于 2017 年减少了 3 125 篇，这一数据直观地反映了学术期刊在载文量上的调整与收缩。37 种学报的载文量逐年递减，只有《天津中医药大学学报》表现出载文量逐年递增的态势，从 2017 年的 133 篇递增到 2021 年的 170 篇。其他大多数期刊的载文量则呈现出波动下降的趋势，这可能与学术资源的重新分配、研究方向的调整以及学术评价体系的变革等多重因素有关。

在 156 种学报中，年载文量在 100 篇以下的学报数量逐年递增，而年载文量在 300 篇以上的学报数量则呈现递减趋势，样本学报的载文量主要集中在 200 篇以下。2021 年，仅有少数几份学报依然保持着年载文量超过 300 篇的显著成绩，它们分别是《地球科学》《中南大学学报（自然科学版）》《南京医科大学学报（自然科学版）》《湖南师范大学学报（医学版）》以及《广州中医药大学学报》。这些学报大多属于专业性期刊的范畴，尤其以医学类学报为主，展现了它们在各自领域内的深厚积淀与持续活力。这些学报不仅载文量大，而且保持了稳定的发表频率，为相关学科的发展提供了坚实的学术支撑。然而，载文量并非衡量期刊影响力的唯一标准，高质量的稿件才是支撑期刊影响力的核心。

156 种学报中，2021 年载文量较 2017 年减少的有 131 种，增加的有 24 种，不变的有 1 种。自"双一流"建设以来，约有 84% 的学报减少了年载文量，其中减幅较大的学报多为自然科学类综合性期刊，而增幅较大的学报则多为专业性期刊。这一变化反映了学术期刊在专业化发展过程中的策略调整，即在追求专业化的同时，合理控制载文量，以体现期刊的专业特色和学术水平。未来，随着学术环境的不断变化，学报的发展策略将更加注重内容的"专精特新"，以提升其学术影响力和社会价值。

3. 内稿

内稿，即源自期刊主办单位的稿件，构成了学术期刊稿件的重要组成。高校学报作为学校的学术窗口，其稿源主要依托本校，呈现出独特的学术风貌。专业性大学学报稿件相对集中，而综合性高校学报则学科覆盖广泛。然而，学报在专业化转型中面临瓶颈，稿件的内质化与内向性特征显著，限制了其发展。专业期刊应聚焦于特定领域，而非局限于主办单位。因此，学报需扩大稿源范围，提升专业化程度，以实现转型。内稿的数量与比例，成为衡量学报专业化水平的关键指标。

2017—2021 年样本学报内稿总数呈现出逐年递减的态势，其中 2021 年相较于 2017 年，内稿数量减少了 2 394 篇化。进一步观察 156 种学报的内稿比例变化，发现有 94 种学报的内稿比例有所下降，而 62 种则呈现上升趋势。特别地，156 种"双一流"高校学报的内稿比例分布也发生了显著变化，具体表现为内稿比例在［20%，40%）的学报数量增加，［40%，60%）的则有所减少，其他比例区间仅出现轻微波动，这有力地证明了学报在拓宽稿件来源、增强学术影响力方面所取得的积极成效。

值得注意的是，内稿比例较高的学报多为专业性较强者，而综合性学报则倾向于保持较低的内稿比例。以《中国科学技术大学学报》为例，该学报属于基础综合类，所属高校的一流建设学科共 11 个，优势学科较多，综合影响力较高。但目前正积极探索转型路径，通过减少载文量、提升论文质量、扩大稿源范围等多措并举，旨在进一步提升其学术影响力和国际知名度。

专业学报作为学术交流的重要平台，通常具备高知名度、广泛的稿件涵盖范围以及相对较低的内稿比例，这些特点共同构建了其严谨的学术形象与广泛的学术影响力。《南京信息工程大学学报（自然科学版）》便是其中的典范，其内稿比例严格控制在 30%以下，确保了学术内容的多样性与客观性。该学报紧密依托学校一流建设学科——大气科学，通过与《气象学报》《大气科学》等国内外顶尖专业期刊的深入交流与合作，共同举办多场学术活动，形成了鲜明的办刊特色。其办刊方向明确聚焦于推动一流学科的发展，旨在为学校研究型大学的建设提供有力支撑。此外，该学报的作者群体广泛，涵盖了国内外多所知名高校及科研机构，使得其在大气科学领域的影响力尤为显著。

学报更名为专业期刊后，稿源范围扩大，内稿比例相应减少。《江南大学学报》2015 年的内稿比例为 52.5%，2014 年的内稿比例为 44.68%，江南大学的一流建设学科为轻工技术与工程、食品科学与工程。2016 年《江南大学学报》更名为《服装学报》后，内稿比例逐渐降低，2021 年为 28.00%，稿源范围扩大至上海工程技术大学、浙江理工大学、东华大学、北京服装学院等以服装纺织专业为主的单位，而且专业性增强。

（二）专业内容策划出版

专栏/专刊作为展现学报专业深度的重要载体，直接体现了期刊的专业化内容导向，是推进期刊专业化的有效途径。通过设立专栏/专刊，能够精确划定论文的研究范畴，充分发挥期刊在特定领域的优势，有效提升高水平学术论文的刊载比例。尤其在"双一流"高校背景下，丰富的学术资源和频繁的学术会议为专栏/专刊的策划与出版提供了得天独厚的条件，进一步促进了学术交流与知识创新。通过访问 156 种学报的官网统计它们的专栏/专刊/专题的征稿组稿及出版情况以及专业学术活动参加举办情况，统计时间截至 2022 年 12 月 8 日。其中专业征稿包括专栏、专题、专刊征稿，专栏/专刊包括出版的专栏、虚拟专辑和数字专刊等，学术活动包括专业论坛、专业学术会议、专题会议征文等。156 种学报中，有 53 种学报组织过专栏、专刊、专辑、专业论坛、专业会议等。

1. 专业征稿

在专业内容策划及组稿的过程中，征稿方式的选取至关重要。发布征稿信息以及借助专业学术会议进行征稿，被普遍认为是两种关键途径。据统计，有 49 种学报通过组织专栏、专题、专刊以及专业会议的方式进行征稿，有 27 种学报仅发布了 1～2 次征稿通知，仅有 15 种学报的发布次数超过了 5 次。《郑州大学学报（工学版）》设立了专题征稿导航栏，从 2018 年开始发布专题征稿 24 次，专业会议征文 12 次，在计算机、电气、环境等学科领域，围绕专业主题细化前沿热点，学报充分融入各专业研究领域。《地球科学》聚焦于地质学科的前沿领域也发布了专栏、专辑征稿 22 次。

2. 专栏/专刊

专栏、专题、专辑、专刊正式出版是专业策划的成果，出版形式包括正刊、虚拟专辑、专题、专刊、特刊、数字专刊等。据统计，已有 15 种学报成功出版了专栏/专刊，尽管起步较晚，但其出版频次却呈现出稳步增长的趋势，显示出学报在专业化道路上的积极探索。在学报的官方网站上，众多学报设立了专栏或专刊版块，部分虽暂无具体数据，但这一举措无疑体现了学报对于专业化的高度重视及内容规划的前瞻性。此外，这 15 种学报的网站还通过文字、图片、视频等多媒体形式，对专栏、专刊、专辑进行了单独展示，为学术成果的传播提供了更为直观、生动的窗口。

特别值得一提的是，医学版学报在出版数量上占据了领先地位。如《四川大学学报（医学版）》推出了 44 个专题论坛，《华中科技大学学报（自然科学版）》则发表了 24 个数字专刊，而《山东大学学报（医学版）》也贡献了 25 个专题和 5 个专刊。这些丰富的专业化策划不仅展示了学报的雄厚实力，也进一步扩大了其学术影响力。

3. 学术活动

科技期刊通过参与和举办专业学术活动来征集专业稿件，发布专栏/

专刊，宣传期刊，在专业领域提升知名度。这些学术活动形式多样，涵盖了广泛参与的研讨会、年度盛会，以及聚焦于特定议题的专题会议和深入浅出的学术讲座。此外，通过对业内权威及新兴学者的专访，进一步丰富了学术交流的层次与深度。在此过程中，期刊编辑部发挥着至关重要的作用，不仅主动策划并组织高质量稿件，还积极宣传期刊成果，有效激发了行业创新及科技研究的蓬勃活力。据统计，共有 20 种学报积极投身于此类学术促进活动中。其中，《海军军医大学学报》成功组织了超过 60 次的院士学者高端论坛，极大地推动了领域内的知识交流与思想碰撞。《地球科学》则创新性地设立了学术活动专栏，将此作为期刊的固定项目，增强了与读者的互动性。而《电子科技大学学报》通过特邀知名专家学者，不仅创办了多个具有鲜明特色的学术专栏，还召开了多场专题研讨会，为期刊搭建了一个高效、开放的学术交流平台，持续且显著地提升了其专业影响力与学术地位。

（三）出版平台建设

分析数字出版行业现状可以发现，综合性数字出版的优势逐渐减弱，而专业性数字出版凭借其精准定位和高质量内容，开始占据市场先机。这一转变背后，是移动互联、人工智能、云计算、虚拟现实等技术的迅猛发展，它们不仅革新了办刊理念，还重塑了出版流程。技术进步进一步促使传统期刊向全产业链融合出版转型，期刊内容趋向专业化，与此同时，出版模式与传播平台也在不断完善。在此背景下，期刊的角色发生转变，从单纯的内容发布者转变为知识服务者。而这一转型过程，离不开强大且专业的出版平台提供有力支撑。

研究者还调查了 156 种"双一流"建设高校学报的网站上数字出版和新媒体"两微一端"的建设情况。

1. 网站

访问 156 种样本学报官网发现，有 28 种学报采用了中国知网的固有网站模式，而少数学报则仅提供采编平台，且这些平台多隶属于学校科技处网站，学报本身并无独立网站。另外，部分学报网站的建设显得较为滞后，它们仅按期更新网刊，新闻栏目的更新数量有限、速度缓慢，甚至存在栏目版块空白的现象，显然缺乏深入的开发与维护。

然而，也有相当数量的学报在积极探索和拥抱新技术。在 156 种学报中，111 种学报的网站提供了网刊的开放下载服务，并逐渐探索开放获取出版的新理念。例如，《大连海事大学学报》《上海交通大学学报（医学版）》《南京林业大学学报》和《四川大学学报（医学版）》等都设有开放获取的声明。此外，129 种学报已开通网络首发功能，20 种学报更是设置了优先出版窗口，通过提前发布已录用的稿件来缩短出版时滞，进而提升传播效率。

值得注意的是，一些学报在数字化出版方面做得尤为出色。例如，《西北工业大学学报》设有国际网站，《东南大学学报（自然科学版）》也提供了英文版网站。而《天津中医药大学学报》的英文频道不仅设有音频视频窗口，还特别引入了 TrendMD 跨平台相关文章精准智能服务功能，能够将学报的重要论文精准推送到 Elsevier、Taylor & Francis、Emerald 等国际知名出版社的第三方平台，显示出其平台建设的专业性和完善性。

此外，10 种学报设置了论文推荐窗口，通过筛选优秀论文并进行深度加工后进行展示推荐。以《北京大学学报（医学版）》为例，其网站上的当期目次不仅链接了每篇文章的 DOI、全文 PDF、HTML 版本、摘要及其点击下载次数，还提供了数据和图表、参考文献、相关文章、多维度评价以及推荐阅读等内容，为读者提供了全方位的阅读服务。另外，还有 47 种学报设置了各类专题窗口，它们根据论文的专业领域进行深度分类和整合加工,通过提升内容的集中性和专业性来强化其专业影响力。

2. 新媒体

在媒体深度融合的当下,"两微一端"已成为新媒体融合出版的标准配置。截至 2023 年 10 月 18 日,通过样本学报网站展示及手机搜索发现,仍有 29 种学报尚未涉足微信公众号领域,而 9 种学报的微信公众号则以大学期刊社或学报编辑部名义认证,由刊社旗下的多种期刊共同使用。追溯至 2013 年,《同济大学学报(自然科学版)》便率先开通了微信公众号,引领了学报新媒体融合的先河。近年来,新媒体融合步伐加快,2023 年即有 9 种学报新开通公众号,而 2020 年至 2023 年间,更有 40 种学报加入了这一行列。

然而,并非所有公众号都能保持活跃。部分公众号虽开通较早,却因运营不力,信息量匮乏,更新频率低下。统计显示,20 种学报公众号的推送消息总量仅在 1 至 52 条之间,更有 6 种公众号未曾推送过任何消息。相比之下,微信视频号的开通情况略好,有 26 种学报涉足其中,此外还有 6 种学报开通了新浪微博。但遗憾的是,尚未发现学报独立开发的客户端。

尽管学报在新媒体平台的占有率不高,阅读量有待提升,且面临人力物力资源匮乏的挑战,但值得肯定的是,学报正逐步从无到有,发文量稳步增加,内容也日益专业和细化。微信公众号的消息推送内容,已从最初的目次、新闻、科普、论文写作等,逐渐拓展至优秀论文推荐、专栏/专刊征稿、学术会议及专业论坛等更深层次的内容。这些推送不仅提炼了纸刊的精华,还专注于近三年的专业内容。

以《北京中医药大学学报》的公众号为例,其消息推送被精心划分为不同栏目,包括目次 45 篇、编辑部公告 12 篇、专题宣传 32 篇等,读者只需点击栏目名称,即可轻松进入感兴趣的专题。而《南京林业大学学报

（自然科学版）》的原创推文数量更是达到了844篇，展现了其在内容创作上的实力。《上海交通大学学报》微信视频号则通过发布36个视频，包括作者沙龙、论文推荐及专刊介绍等，为作者提供了展示平台，同时以极强的专业性和视觉冲击力吸引了大量观众。

（四）人才队伍建设

"双一流"建设本质上是学科与人才建设，不少"双一流"高校学报按照学科对编委及编辑进行分工分类。学报的专栏/专刊的出版传播、学术活动的策划举办、论文的评审编校都需要具备专业学科背景的人才队伍。访问样本学报官网，统计其编委会团队和编辑部团队的建设情况。

1. 编委会

学报的主编及编委团队由众多知名专家组成，同时专栏/专刊主持人、专题主编、组稿专家均要求由相关学科带头人担任。这些专家不仅利用其学术影响力积极组稿，还亲自主持学术发布仪式。学报拥有庞大的编委队伍，这是其专业化的重要基石，亦体现了学报对编委会建设的高度重视。

156种样本学报中，134种学报的编委会版块单独设置编委会版块，少数直接列出委员名单，普遍建立了固定且完善的组织架构。这一架构通常包括主编、副主编及委员等基本职位，确保了学报编辑工作的有序开展。值得注意的是，部分学报还增设了顾问编委、名誉主编等特色职位，以进一步提升学报的学术影响力和专业指导力。有31种学报提供了编委的详细介绍，包括姓名、职称、学历、工作单位、研究方向、邮箱、主页链接等的一项或者多项。以《地球科学》为例，该学报详细展示了编委的学术背景、研究方向等信息，为读者提供了全面了解编委团队的途径。此外，编委人数在不同学报间存在较大差异，从16人至191人不等。其中，有

20 种学报的编委人数超过了 100 人，显示出这些学报在学术资源整合与利用方面的强大实力。同时，48 种学报的主编由院士担任，且主编的研究方向与学报的学科领域高度匹配，这不仅提升了学报的学术质量，也为其在相关领域的权威性奠定了坚实基础。

除了校内资深编委，院士编委、校外编委、国际编委和青年编委也备受重视。通过吸纳院士、外籍专家、校外专家及青年学者等外部高端人才，学报能够有效提升学科影响力并拓宽其辐射范围。29 种学报设立了国际编委，20 种学报则特别设置了青年编委。《武汉大学学报（理学版）》只设青年编委和青年通讯编委，《中国传媒大学学报（自然科学版）》只设青年编委和青年通讯编委，彰显了青年编委在学术发展中的重要地位。在编委的选择上，行业认可度、专业造诣及学术影响力成为核心衡量标准。当前编委选任呈现出以学科为核心，跨越校内界限，广泛吸纳不同地域与专业领域优秀人才的趋势。以《南京航空航天大学学报》为例，其编委会中顾问均为院士，编委成员则依据学科精细分类，广泛吸纳了来自相关高校及航空科研单位的专家学者，展现了编委构成的高水平与多元化。

2. 编辑团队

学术期刊编辑的素养问题日益受到学术界的广泛关注。在全媒体时代背景下，学术期刊编辑不仅需具备扎实的编辑学基础，还应拥有良好的学术研究能力，以应对信息传播的多元化挑战。特别是对于科技期刊编辑而言，掌握精湛的编校技能与深厚的学科专业背景显得尤为重要。编辑的学科背景不仅能够确保期刊内容的准确性和深度，更有助于提升期刊的学术质量与整体影响力，进而推动学科领域的交流与发展。

156 种学报中，59 种学报有编辑部成员介绍，包括学历、职称、专业背景、研究成果、电话、邮箱等。17 种学报列出编辑负责的学科、专业、栏目、毕业院校，编辑按照专业分类，分工明确细化。如《首都师范大学学报（自然科学版）》编辑部由 1 名主编和 4 名编辑组成，他们全员拥有博士学位，网站不仅列出了他们的教育及工作背景、研究方向，还展示了他们参与的基金项目、科研项目、科研论文以及授权的专利。编辑部成员按学科细分为数学和计算机学科编辑、物理和电子通信学科编辑、化学和生物学科编辑以及地理、环境和生态学学科编辑，各自负责相应学科的稿件评审与出版。《郑州大学学报（医学版）》编辑部也详细介绍了每位成员的职务、职称、学位及负责的工作内容，包括 1 名编审（医学博士）、4 名编辑（医学硕士）和 1 名编务（医学学士）。《吉林大学学报（医学版）》编辑部 5 名成员均为医学硕士，3 名编审、1 名副编审、1 名助理编辑。《华中师范大学学报（自然科学版）》的 3 名责任编辑中有 1 名编审、2 名编辑（博士），分别负责物理学、计算机学科及工学，生物学、化学及医药类，数学类稿件的处理。

从招聘要求上看，学报编辑部对编辑的专业及学历要求较高，如山东大学科技期刊社、《华中师范大学学报（自然科学版）》《海军军医大学学报》、吉林大学学报各版、《四川大学学报（医学版）》，均招聘有相应专业背景、硕士以上学位的编辑，《华中师范大学学报（自然科学版）》除了专业和学历要求外，还要求至少公开发表英文专业学术论文 1 篇，说明学报更加重视编辑人才的专业性，专业的学科型编辑更能促进学报与学科的相互作用。

三、高校学报专业化的转型路径

通过调查分析，挑选出在专业化转型中各个方面建设优秀的学报，总结了高校学报专业化转型的路径，即学科＋方向、学科＋内容、学科＋平台、学科＋人才等"学科＋"的专业化转型路径。"双一流"建设高校学报在各个层面的专业化转型都是基于学科的，只有在学术出版的各个环节注入学科要素，强化学科，精准细分，才能形成学科影响力，既依托学科，又建设学科。

（一）根据学科确定办刊方向

高校学报的转型应当植根于高校自身的优势学科、独特特色以及一流学科的建设基础之上，这是其发展的内在逻辑与动力源泉。在探索新专业期刊的创设过程中，个性化与特色化的命名策略显得尤为重要，它不仅是期刊身份的标志，更是学术定位与价值导向的体现。当然，对于刊名的变更需进行多维度、深层次的综合考量，确保变更的科学性与合理性。值得注意的是，并非所有学报均适宜更名，但可通过设立专栏、专辑或专刊的形式，实现内容的精准命名与划分。此举不仅能有效凸显期刊的学科优势，增强对目标读者的吸引力，还极大便利了期刊的学术推广与影响力构建。在此基础上，紧密结合刊名的学术指向，合理规划稿件结构，严格把控载文量，积极拓展稿源渠道，并通过严谨的筛选机制，确保所刊载文章的高质量，是提升高校学报整体学术水平与影响力的关键所在。

（二）针对学科出版专栏/专刊

专刊/专栏在科技期刊的出版体系中占据着举足轻重的地位，它们是期刊获取高质量稿件、提升整体学术水平及影响力、强化学术导向与话语权的核心途径。具体而言，专栏/专刊通过对相关学科领域的稿件进行分类汇总与系统展示，有效凸显了期刊的专业特色，显著增强了其在特定学科范畴内的影响力与行业的广泛关注。通过量化集成的方式，它们能在不同学科领域内形成聚焦效应，产生深远影响。对于综合性学报而言，设立专栏/专刊是其向专业化转型的必经之路，是一个长期的战略过渡阶段；而对于专业性学报，则进一步细化了学科分类，凸显了"专业化、精细化、特色化、新颖化"的特点。"双一流"建设的推进为专栏/专刊的发展提供了丰富的资源与有力支撑。在此背景下，高校学报应抓住机遇，积极参与学术会议与专家论坛，深化与学科界的联系，精心策划并出版专栏/专刊，以稳步推动自身的专业化转型进程。

（三）基于学科定制出版传播平台

利用学报高水平出版资源，使优秀成果得到集中、充分展示，服务"一流学科"建设。确保网站与新媒体平台与学报内容的深度专业化保持同步发展，以数字化转型助力学术传播。具体而言，应针对不同学科领域，精心策划并开辟专栏/专刊，形成特色鲜明的知识聚落。网站层面，可设立专业窗口，实现内容的分类展示与检索；微信公众号则需细分专业栏目，定期推送高质量论文推荐，增强学术触达力。此外，借助微信视频号开设优势学科直播间，不仅能够促进学术交流，还能实现跨学科的专业联动与融合。通过这一系列精准推送策略，全方位展现各专业的独特魅力与深度内涵。

（四）按照学科进行人才分工

专栏/专刊的制作是一项高度专业化的工作，其流程涵盖了选题策划、组稿邀约、内容评审及最终发布等多个关键环节。这一系列过程的顺利推进，离不开强大学科话语权的支撑，而这又深深植根于专业学者与具有深厚学术背景的编辑之间的紧密合作。为了实现编辑与编委的共赢，双方需共同参与到专栏/专刊的策划中，这不仅为编辑创造了与领域内专家深入对话的宝贵机会，也为编委搭建起了一个高效的同行交流平台。在编委会与编辑的配置上，学报应基于实际需求，组建一支多元化的编委会专家队伍，并合理配置学术编辑，以确保各学科间的分工合作与协调发展。编辑需积极对接编委，动员并联系广大研究人员积极投稿，同时邀请专家参与选题策划，以此促进同行间的深入对话与研究成果的广泛分享。最后，通过出版高质量的专栏/专刊，并在各类学术会议上进行发布与推广，学报能够逐步扩大其影响力，进而提升整体的学术地位。

总之，高校学报应在出版的各个环节都发挥专业学科优势，从方向、内容、平台、人才等角度融入学科元素，整合稿件资源，通过组织与传播专栏/专刊，让学报有重点、有特点、有体系，依托学科平稳有效实现专业化转型，提升学术影响力和专业影响力，促进学科发展和"双一流"建设。

第二节 "双一流"建设背景下高校科技期刊建设的典型案例

在"双一流"建设背景下，高校科技期刊作为学术传播和知识创新的重要平台，扮演着至关重要的角色。以下通过对《中国石油大学学报》《浙江大学学报（农业与生命科学版）》以及《中国有色金属学报》（中、英文版）三个案例的分析，探讨高校科技期刊如何助力"双一流"建设。

一、《中国石油大学学报》的实践经验

《中国石油大学学报》创刊于 1959 年，是由中华人民共和国教育部主管，中国石油大学主办的综合性学术期刊，主要刊载石油与天然气地质与勘查工程、石油与天然气钻采工程、油气储运与机械工程、油气化学工程、交叉学科的基础和应用研究等领域的创新性成果和高水平论文。《中国石油大学学报》紧密围绕学校人才需求的实际，积极探索人才培养的新路径，旨在通过促进学报与人才培养的深度融合，实现二者的共同发展，为社会输送更多高质量的专业人才。

（一）关注人才培养，领航学科发展

《中国石油大学学报》在人才培养中发挥重要作用。对于研究生，学报不仅提供细致的学术指导，还举办讲座提升他们的科研写作能力和学术素养，并通过聘用研究生为学术联络员加强双方沟通，增强研究生对学报的认同，提升学报影响力。对于中青年教师，学报认识到他们的责任与压力，利用自身资源搭建学习交流平台，促进跨学科交流，激发他们的创新思维，并择优发表、推介他们的学术成果，扩大其学术影响力。

此外，高校科技期刊与高等教育机构紧密相连，对推动一流学科建设具有积极作用。《中国石油大学学报》深入挖掘学校资源，保持学术前沿洞察力，吸引国内外专家加入编委会，构建国际交流平台。通过举办学术会议、优化栏目设置、走访科研一线等方式，期刊不断引领学科向更高水平发展，实现多学科有机融合，提升学术影响力。

（二）广开传播途径，扩大学术影响

《中国石油大学学报》秉承"明德、笃学、博约、萃聚"的社训，发扬"求精、求真、求实、求新"的社风，在广开传播途径方面有以下举措。

首先，期刊采取"纸质版与数字版并重、多种平台共营"策略，争抢原创首发权。通过推送数据至国内外大型数据库及传播机构，如 EI、SCOPUS、中国知网等，广泛快速传播，赢得学术原创首发，为提升影响力和学术地位奠定基础。

其次，为突破商业数据库付费门槛限制，《中国石油大学学报》率先开放论文资源，构建开放获取平台，读者可免费下载。定期更新数据吸引学者阅读与转发，有效提升学术影响力，扩大市场份额。

再次，期刊积极推送数据至各大数字平台，构建全面高效的学术传播网络，实现全方位覆盖式传播。旨在拓宽受众面，为学术成果提供展示舞台，激发学术讨论，促进知识碰撞与大脑风暴。同时，评选优秀作者、专家及读者，紧密连接学术共同体，推动学术进步。

最后，采取线上线下相结合策略拓宽传播途径。线上及时发布至行业权威信息网，加速学术成果转化；线下通过邮局订阅及报刊宣传拓展发行渠道，增加赠阅用户，实现广泛深入的学术交流与传播。

（三）聚焦科学研究，促进国际合作

在全球科研竞争日趋激烈、数字化转型加速以及专业领域不断细分的当下，《中国石油大学学报》作为高校科技期刊的佼佼者，积极融入学校的一流学科建设大局，将目光投向科学的最前沿，致力于探索并解析研究领域内的热点与难点问题，敏锐捕捉创新点，力求快速发表具有国际影响力的一流科研成果。

首先，学报深入挖掘学术积淀，紧密围绕石油与天然气工程、地质资源与地质工程等"双一流"建设学科，强调核心栏目建设，形成鲜明办刊特色。通过组织专题研讨、约请高水平论文，促进一流学术成果的孕育与成长，为学科发展注入活力。

其次，学报积极拓展国际合作，利用高校优势和校友网络，与国际知名高校、学术机构及期刊建立合作关系。通过联合举办学术会议、互派学者访问等方式，扩大学术影响力，推广中国学术成果，提升国际话语权。

最后，学报学习借鉴国际一流名刊办刊理念和管理经验，邀请国际知名学者担任栏目主持人，组建国际化编委团队，提升期刊国际知名度和学术质量。同时，坚持本土化原则，结合中国石油工业实际情况，探索出符合国际标准且具有中国特色的高校科技期刊发展之路。这不仅为学报迈向世界一流期刊行列奠定基础，也为其他高校科技期刊国际化发展提供宝贵经验。

二、《浙江大学学报（农业与生命科学版）》的办刊策略

高校农学科技期刊一般依附专业性农科院校或者设有农学类学院的综合性大学而发展，这样的科研院校也是期刊的主办单位。浙江大学的农科实力雄厚、根基牢固，为相关农学期刊的创办提供了良好的条件。下面以《浙江大学学报（农业与生命科学版）》（以下简称"浙大学报农学版"）近年来的办刊经验为例，探索"双一流"背景下学报编委会、热点选题与专辑专题策划、新媒体宣传、加强与学科联系等策略在推动高校农学科技期刊发展上的作用，以便为相关刊物所参考与借鉴。

（一）"双一流"背景下学科建设与期刊发展的关系

1. 期刊栏目设置与浙江大学一流学科分布相呼应

浙江大学在"双一流"建设中持续展现卓越实力，2022 年再次稳居"双一流"高校之列，21 个学科入选一流学科建设名单，多数学科在评估中显著提升。其中，农生环学部和工学部占据显著比例，体现学校在多领域的深厚积淀与学术基础。浙大学报农学版作为科研成果展示窗口，校内论文占比超 40%，精心设计"生物科学与技术""作物科学"等栏目，与农生环学部一流学科紧密对接，旨在激发投稿热情，实现优中选优。学报明确定位于服务"双一流"建设，通过突出学科优势、打造特色栏目，为国内外学者提供高水平交流平台，有力促进学术交流与合作，为学科发展贡献力量。

2. 浙江大学一流学科与期刊发展相辅相成

浙江大学农生环学部涵盖五个专业学院，拥有六个"双一流"建设学科，学术积淀深厚，资源丰富。浙大学报农学版在新编委会引领和学部协作

下,学术活力焕发,稿源质量提升,影响力扩大。2022年影响因子达1.781,获多项荣誉及资助。此外,学部联合国内外出版机构创办多本新刊,如《作物设计》《食品品质与安全》等,依托浙大农科资源和科研实力,起点高、发展快,多本入选卓越行动计划,被国内外重要数据库收录。浙大学报农学版及新刊共同为农学领域知识传播和学术交流做出积极贡献。

（二）"双一流"背景下浙大学报农学版的办刊经验

1. 充分发挥编委会在提高学报学术影响力上的作用

编委会在提升学术期刊影响力中扮演着核心角色,尤其对于科技进步和学科发展至关重要。以浙大学报农学版为例,编委会通过一系列举措有效增强了期刊的学术地位和社会贡献。

首先,编委会的构成科学且权威,由38名来自国内涉农学院的杰出学者组成,他们多为学科领军人物,具有深厚的学术造诣和广泛的影响力。编委会每年定期召开会议,总结工作、规划未来,并策划专题专辑,促进了编辑部与编委、编委之间的深入交流与合作,为农学与生命科学研究的进步提供了坚实的支撑。

其次,编委们积极参与策划热点选题和专辑,紧密围绕国家战略和科技专项计划。例如,"农用无人机和智能装备专辑"等专辑的出版,展现了编委们在推动学科前沿研究和服务国家需求方面的积极作用。这种紧密的结合不仅提升了期刊的学术价值,也增强了其社会影响力。

在稿件质量控制方面,浙大学报农学版采用严谨高效的审稿制度,结合责任编委审稿制与双盲审稿制。编委们在此过程中发挥着至关重要的作用,他们不仅参与审稿,还负责把控稿件的学术质量。通过编委团队与外部专家的双重把关,确保了录用稿件的学术水平,提升了期刊的整体质量。

此外,编委会还积极参与期刊的宣传工作。编委们利用自身的学术声誉和影响力，通过参与学术会议、转发微信推文等方式，扩大了期刊的知名度和影响力。同时，期刊编辑部也为编委量身定制宣传材料，如专属PPT 模板等，进一步提升了期刊的形象和可读性。通过线上线下相结合的宣传策略，浙大学报农学版成功构建了编委与读者之间的良性互动机制，为期刊的持续发展奠定了坚实基础。

2. 策划热点专辑、专题和特色栏目，推动期刊跨越式发展

浙大学报农学版致力于建设世界一流期刊，通过策划热点专题、专辑提升学术影响力。如"农业面源和重金属污染防治"等专题，有效推动了期刊发展。2023 年，特增设"青年科学家论坛"栏目，邀请青年科学家撰稿，分享前沿进展与创新观点，获得浙江大学"百人计划"研究员的积极响应。稿件经严格审稿后在中国知网上线，迅速获得高阅读量与下载量，显著提升了期刊的学术影响力。实践证明，策划热点选题、组织专题专辑、开设特色栏目是期刊发展的有效途径。

3. 加强新媒体宣传，实现跨平台融合

在当前计算机技术快速发展下，网络出版展现明显优势。学术期刊应适应变革，构建多维度新媒体矩阵，优化学术成果生产、发布与传播，提升学术内容可见度与影响力。浙大学报农学版为例，其利用微信平台组建社群，凝聚读者，形成私域流量池，并与"学习强国"等平台合作，拓宽传播渠道。同时，通过微信公众号发布多元化学术信息，丰富学术交流。这种跨平台融合实践，实现了资源整合互补，为期刊高质量发展注入新活力，成为新媒体时代学术期刊转型升级的成功案例。

4. 加强与学科联系，利用封二、封三宣传一流建设学科

《浙大学报（农学版）》封面设计严谨，封一、封四紧密围绕当期内容，封二、封三则更灵活。为强化与学科联系，学报自 2020 年起创新利用封

二、封三介绍浙江大学相关学科及科研团队。内容框架集知识性、学术性、理论性于一体，分为"学科简介、师资队伍、人才培养、科学研究及社会服务"四大板块，全方位展现学科特色。设计上选用"浙大蓝"主色调，增强归属感和校园文化特色，同时采用多样化表达和原创图片，提升可读性。通过微信公众号等渠道分享，迅速吸引关注，对提升学科知名度、促进学术交流合作产生深远影响。此举为浙江大学一流学科建设提供了广阔高效的宣传平台。

综合而言，在"双一流"背景下，学科应该与期刊实现融合发展，要充分借助学科优势助力农学类高校学术期刊发展，从而推动高校农学类学术期刊反哺学科建设，构建新时期下的协同发展机制，这从长远来看也是意义非常重大的。

三、《中国有色金属学报》（中、英文版）为例的共生发展

在中国，科技期刊的支撑主体呈现多元化，主要包括高校、科研院所及学协会三大支柱。其中，高校以其独特的学术环境为科技期刊提供了丰厚的学科建设土壤与养分，与期刊形成了相辅相成、密切互动的共生关系，共同推动学术进步与科技创新。下面以《中国有色金属学报》（中、英文版）为例，阐述学科进步与期刊成就之间的关系，两者相辅相成。

（一）学科建设是高校科技期刊孕育、生长的土壤

1. 学科队伍是高校科技期刊的核心力量

《中国有色金属学报》（中、英文版）创刊于 1991 年 10 月，当时是在多位有色金属领域泰斗级学者积极倡导下创立的，院士们不仅将研究成果发表在两刊，而且直接参与期刊选题策划、热点组织，这都有助于两刊提

高学科前沿问题的把握能力，增强学术话语权。

一流学科与一流人才之间存在着密切的相互促进关系，这是学术界普遍认同的观点。在此过程中，一个不可忽视的重要因素是优秀作者群的支撑作用，他们对于期刊的建设与发展起到了重要的推动作用。高校作为人才培养的摇篮，其本科生与研究生不断为科研领域及学术期刊注入新鲜活力与创新思维。随着我国高等教育的扩招政策，人才培养的规模与质量均得到了显著提升。中南大学材料科学、有色冶金、信息技术等特色优势学科拥有一流师资，教授、副教授100%为本科生授课，实验室向本科生全面开放，促进学生研究性学习和创新训练，科教融合、寓研于教，培养了一批又一批拔尖创新人才，也源源不断为两刊培养了的一流作者。

2. 学科建设保障高校科技期刊的学术性

学科建设作为大学发展的核心，不仅承载着知识传承与知识创新的双重使命，更是科研成果产出的重要基石。在有色金属领域，一流学科往往能孕育出具有国际影响力的科研成果，这些成果多以高质量科技论文的形式呈现，彰显了学科的卓越与创新力。以《中国有色金属学报》（中、英文版）为例，该期刊作为中国有色金属学会主办的综合性高级学术刊物，其学术性始终保持在行业前列，这离不开有色金属学科建设的深厚支撑。

学科建设的发展水平直接决定了科学研究的深度与广度。在有色金属领域，随着学科建设的不断深入，科研团队能够不断探索新的理论、技术和方法，为《中国有色金属学报》（中、英文版）提供了丰富的稿源和高质量的学术内容。这些成果通过期刊的发表和传播，不仅促进了学术交流的深化，也提升了期刊的学术水平和影响力。

进一步地，一流学科在知识创新上的突破，为《中国有色金属学报》（中、英文版）的发展注入了新的活力。期刊紧跟学科前沿，及时报道有色金属科技领域的新发现、新进展,吸引了国内外众多学者的关注和引用。这种紧密的学科与期刊互动,推动了期刊学术水平的不断提升,也为其赢得了广泛的学术认可。

3. 学科交流促进高校科技期刊传播

根据《中南大学一流大学建设方案》,材料科学与工程、冶金工程、矿业工程等 3 个一级学科领衔的有色金属学科群的建设目标是建成综合实力世界第一,引领基础研究和技术创新的中心。近年来,两刊作为学术名片伴随学校国际学术交流活动频繁展开,学校公派出国留学人员、来校留学生、中外合作办学规模不断扩大,学科国际化交流有力带动了期刊的广泛传播,两刊的国内外关注度持续提升。

4. 学科声誉提升高校科技期刊影响力

学科的发展水平是衡量一所大学学术地位与综合实力的重要标尺,它直接反映了该校在知识创新、人才培养及社会服务等方面的能力。在有色金属领域,卓越的学科声誉不仅提升了大学的国际知名度,也为依托其发展的《中国有色金属学报》(中、英文版)带来了显著的影响力提升。

在全球化的学术评价体系中,学术声誉占据了举足轻重的地位。它不仅是大学及其学科排名的关键指标,也体现了国际学术界的广泛认可。对于《中国有色金属学报》(中、英文版)而言,其所属的学科声誉直接影响了期刊的国际影响力和被引频次。随着有色金属学科的不断发展壮大,期刊的学术声誉也随之提升,吸引了更多国际学者的关注和投稿。

此外,卓越的学科声誉还能形成良性循环,进一步巩固学科的领先地位。学科的发展推动了期刊的进步,而期刊的影响力又反过来提升了学科的声誉和知名度。这种相互促进的关系,使得《中国有色金属学报》(中、英文版)在国际有色金属领域的影响力不断提升,成为展示中国有色金属科研成果的重要窗口。

综上可见,中南大学《中国有色金属学报》(中、英文版)创刊以来的发展始终与学校的学科建设保持着紧密的互动与共生关系。该期刊深植于学校丰富的有色金属学科资源,通过不断汲取学术养分,逐步蜕变为领域内具有广泛影响力的一流科技期刊。这一显著成就,不仅彰显了学校在有色金属研究方面的深厚底蕴,也体现了期刊对学科发展的积极反哺作用。

(二)科技期刊是学科建设的重要部分

1. 高校科技期刊凝聚学科"人才圈"

吸引并留住处于学术前沿的学者,是构建一流学科的核心和决定性要素。具有高影响力的科技期刊,通常都精心构建了包括编委团队、审稿专家库、核心作者圈以及广大读者群在内的完整学术生态圈,这是科技期刊所独有的学术网络特征。对于高校科技期刊而言,这一学术生态圈不仅促进了期刊自身的发展,同时也成了所属学科的重要学术交流平台。特别是英文科技期刊,它们作为国际学术交流的桥梁,对于提升学科的国际知名度、增强科学话语权具有至关重要的作用,是学科在国际舞台上展示研究成果、争夺学术领地的重要平台。比如,《中国有色金属学报》(中、英文版)2018 年换届成立第五届编委会,编委共 102 人,其中两院院士34 人,几乎涵盖我国有色金属领域的所有院士,优秀期刊的人才凝聚力可见一斑。

2. 高校科技期刊培养学科后备队

在"双一流"建设的背景下,《中国有色金属学报》(中、英文版)作为有色金属领域的重要学术组织,不仅直接参与到学科人才培养的各个环节,还通过提供高质量的学术资源与服务,间接助力学科发展,从而在"双一流"建设中发挥着不可或缺的基础性作用。期刊依托中南大学的有色金属、冶金与环境等一流学科,持续吸引和培养了一大批优秀的青年学者和学生,为学科的发展注入了新的活力。

作者队伍的质量与稳定性是期刊可持续发展的核心竞争力所在。因此,《中国有色金属学报》(中、英文版)高度重视学科后备队的培养,通过多种途径壮大作者队伍。期刊积极与青年教师及学生展开密切互动,如聘任青年编委、组织学术研讨会、提供论文写作辅导以及邀请研究生担任编辑助理等,为青年学者提供了宝贵的学术锻炼机会。这些举措不仅提升了青年学者的学术能力和研究水平,也为期刊的发展储备了丰富的人才资源。

此外,期刊编辑还扮演着重要的科研辅助角色。他们通过搜集、整理科研情报信息,帮助青年科研工作者在申请项目、撰写研究报告时更好地把握研究趋势,汲取最新研究成果。编辑们还利用自身的专业知识和经验,为青年学者提供有针对性的指导和建议,助力他们在科研道路上取得更多的突破和成就。

以《中国有色金属学报》(中、英文版)为例,期刊编辑部在近年来不断加强与青年学者的联系与合作,通过建立青年学者微信群、组建青年编委队伍等方式,增强了青年学者对期刊的归属感和身份认同感。同时,期刊还充分利用学术资源,与学会、学术团队进行合作,为青年学者提供了更广阔的学术舞台和交流平台。这些举措不仅提升了期刊的学术影响力和关注度,也为学科的发展培养了更多的后备人才。

3. 高校科技期刊伴随学科共同成长

学科作为大学构成的基本单元,承载着教学、人才培养以及社会服务等多重职能,其地位与作用不言而喻。在高等教育体系中,学科群建设尤为关键,它通常由一系列高水平且研究内容紧密相关的学科集合而成,共同推动知识的深度交融与创新。高校科技期刊在这一过程中扮演着举足轻重的角色,它们不仅是学科发展的忠实记录者,更是创新成果的传播者和学科优秀文化的传承者,肩负着重要的社会责任和历史使命。为实现这一职能,期刊需因地制宜地开展选题策划,深入追踪并报道科技热点专题,通过组织出版特刊、专辑、专题、专栏等多种形式,全面展现学科发展动态,进而成为学科服务国家战略需求的重要史料载体。比如,《中国有色金属学报》庆祝新中国成立 70 周年特刊,组约编委 18 篇综述性进展论文,由 8 位院士领衔,78 位作者撰写文章,特刊涉及全行业各领域产学研的重要研究成果,并对国外相关领域的研究成果作概述,同时阐述我国有色金属工业和有色科技发展历程中的标志性事件、节点、人物、存在的问题及未来展望,特刊也成为我国有色金属领域科技创新重要成就和重大进展的最佳展现和最好见证。

高校科技期刊作为科技信息交流与学科发展动态的数据汇集与交叉点,承载着重要的学术传播职能。随着信息技术的迅猛发展和数字传播的广泛应用,高校科技期刊已不再局限于传统的纸质出版,而是逐步向提供多元化知识服务转型。《中国有色金属学报》期刊积极实施论文开放获取策略,并进一步建成了"中国有色金属知识库"。这一知识库依托中南大学出版社先进的数字出版技术,成功入驻众多高校图书馆,实现了知识资源的高效共享。该知识库的建立不仅是对高校科技期刊知识服务模式的积极探索,也极大地拓展了期刊的功能与影响力。

总之,高校科技期刊作为学科建设的重要产物,不仅映射出学科发展的丰硕成果,更是推动学科不断向前的强大动力。《中国有色金属学报》(中、英文版)多年来与中南大学有色金属学科的紧密互动,生动展现了科技期刊与学科建设之间相辅相成的密切关系，形成了良性循环的典范。高校科技期刊伴随学科一同成长，不仅在塑造科学话语权、提升学术影响力方面发挥着举足轻重的作用，而且对学科建设的长远发展具有不可估量的价值。依托一流大学的一流学科来打造高水平科技期刊，无疑是培育世界一流期刊的有效途径。因此，应当积极鼓励高校的一流学科创办高质量期刊，以期刊的高质量发展助力学科建设的持续繁荣。

参考文献

［1］ 白强，李帮燕. 高等教育高质量发展的内涵与进路［J］. 铜仁学院学
报，2022，24（6）：22-30+64.

［2］ 陈雯兰. 基于人工智能技术的高校科技期刊数字化转型建设策略研
究［J］. 福建开放大学学报，2024（4）：78-81.

［3］ 高慧芳. 高校科技期刊在学科建设与发展中的作用［J］. 西北民族大
学学报（自然科学版），2022，43（03）：91-94.

［4］ 郭书剑. "双一流"建设理论研究与实践探索——《江苏高教》2018
年高层论坛综述［J］. 江苏高教，2018（6）：1-5.

［5］ 郭伟，许国良. 媒体融合下高校科技期刊的区域协同发展模式［J］.
编辑学报，2016，28（03）：226-229.

［6］ 郭新丽，宁波，何珊. 高校"双一流"建设的范式创新［J］. 宁波大
学学报（教育科学版），2023，45（02）：100-107.

［7］ 胡建华. 双一流建设与高校学科发展［M］. 南京：南京师范大学出
版社，2021.

［8］ 孔薇. 一流期刊建设背景下"双一流"高校科技期刊发展策略探析
［J］. 中国传媒科技，2021（7）：44-47.

［9］ 李国武. 申农与信息科学的创立［J］. 西北大学学报（自然科学版），2011，41（05）：930-934.

［10］ 李娟，许玉清. 高校科技期刊助力一流学科建设——以《中国石油大学学报》为例［J］. 传播与版权，2020（3）：21-22+25.

［11］ 李晓述.“双一流”建设与国际化发展［M］. 武汉：武汉大学出版社，2020.

［12］ 梁容.“双一流”背景下高校农学科技期刊办刊策略探索——以《浙江大学学报（农业与生命科学版）》为例［G］. 学报编辑论丛. 上海大学出版社，2023：148-153.

［13］ 刘海峰.“双一流”建设的统筹兼顾与深入推进［J］. 高等教育研究，2022，43（09）：1-10.

［14］ 刘琳琳. 高校科技期刊全程数字化出版模式研究［J］. 记者摇篮，2024（7）：33-35.

［15］ 刘志强. 探索高校科技期刊出版模式的改革措施［J］. 编辑学报，2016，28（03）：213-216.

［16］ 鲁玉玲. 期刊编辑实务［M］. 北京：九州出版社，2018.

［17］ 骆筱秋，王晴. 高校科技期刊特色化发展路径探析［J］. 科技与出版，2023（7）：120-124.

［18］ 马源. 中国高等教育“双一流”建设的演化、探索与展望［J］. 四川理工学院学报：社会科学版，2019，34（4）：70-87.

［19］ 谭长贵. 我国高校科技期刊发展战略的着眼点［J］. 编辑学报，2007（6）：428-430.

［20］ 唐志荣，康锋，陈丽琼. 大数据时代高校科技期刊全程数字化出版及其知识服务转型［J］. 未来传播，2019，26（6）：21-27.

[21] 田江."双一流"背景下我国高校科技期刊建设的 PEST 分析[J]. 四川省干部函授学院学报，2022（1）：9-21.

[22] 田原. 教育数字化转型赋能高校"双一流"建设探究 [J]. 辽宁经济职业技术学院. 辽宁经济管理干部学院学报，2023（3）：61-64.

[23] 王开胜. 高校科技期刊在学科建设与人才培养中的作用研究 [J]. 江苏科技信息，2022，39（4）：35-37.

[24] 王平祥，刘辉，谢书山，等. 高质量推进"双一流"建设的探索与实践 [J]. 高等农业教育，2020，1（1）：18-21.

[25] 王平祥. 历史演进视域下世界一流大学本质特点与建设路径 [J]. 高等农业教育，2021，2（1）：3-7.

[26] 王琪，程莹. 世界一流大学：共同的目标 [M]. 上海：上海交通大学出版社，2013：2.

[27] 王战军，常琅，蔺跟荣."双一流"建设成效评价与动态监测[J]. 学位与研究生教育，2022（11）：47-54.

[28] 魏子凡，胡小勇，张晓雁. 高校科技期刊编辑队伍素养提升策略 [J]. 烟台职业学院学报，2020，26（4）：25-29.

[29] 吴晶. 高校科技期刊质量控制体系的架构 [J]. 福建广播电视大学学报，2014（6）：81-84.

[30] 吴芹，刘志鑫，吴会."双一流"建设背景下高校科技期刊的培育与发展研究 [J]. 传播与版权，2020（10）：33-35.

[31] 熊莹丽，俞晓平."双一流"建设高校中文科技类学报的专业化转型路径调查研究 [J]. 中国科技期刊研究，2024，35（1）：43-52.

[32] 杨保华，袁赛前. 高校科技期刊与学科建设相济相成——以《中国有色金属学报》（中、英文版）为例 [J]. 科技与出版，2020（5）：116-120.

[33] 杨旺平. "双一流"背景下高校科技期刊的国际化战略发展路径 [J]. 新闻研究导刊，2022，13（12）：31-33.

[34] 姚远，谭秀荣，亢小玉，等. 中国高校科技期刊百年史回顾与前瞻 [J]. 编辑学报，2014，26（2）：117-121.

[35] 于孟晨. 高校科技期刊的学术影响及新传播平台的构建 [J]. 新闻知识，2018（6）：23-26.

[36] 张彬，文志杰，吕岩，等. 教育数字化转型赋能高校"双一流"建设路径研究 [J]. 中国信息化，2022（5）：97-98.

[37] 张芳英. "双一流"建设背景下高校科技期刊与学科建设融合发展的路径探索 [G]. 学报编辑论丛. 上海大学出版社，2022：539-542.

[38] 张铁明，刘志强，陈春莲. 我国高校科技期刊高质量发展的政策环境分析 [J]. 科技与出版，2021（9）：6-11.

[39] 赵丽莹，刘彤，王小唯. 高校科技期刊开放存取出版的SWOT分析 [J]. 中国科技期刊研究，2010，21（3）：362-365.

[40] 赵彦，王汝芹. 高校科技期刊特色发展的思考——以《防灾科技学院学报》为例 [J]. 新闻研究导刊，2022，13（5）：40-42.

[41] 郑秀娟. 科技期刊编辑探索 [M]. 北京：石油工业出版社，2013.

[42] 钟秉林. "双一流"建设成效评价的价值、方向与反思 [J]. 河北师范大学学报（教育科学版），2022，24（2）：17-21.

[43] 钟建林. "双一流"建设的历史理路、现实审思与未来路向 [J]. 东南学术，2018（3）：115-122.

［44］ 周志红."双一流"建设中高校科技期刊面临的挑战与机遇［J］.中国科技期刊研究，2021，32（1）：41-48.

［45］ 朱正余.我国高校科技期刊高质量发展的驱动机制与实现路径［J］.湖南科技学院学报，2024，45（2）：124-128.